Das Alphabet

		名称	音価		
A	a	[aː]	[aː]	[a]	
B	b	[beː]	[b]	[p]	
C	c	[tseː]	[k]		
D	d	[deː]	[d]	[t]	
E	e	[eː]	[eː]	[ɛ]	[ə]
F	f	[ɛf]	[f]		
G	g	[geː]	[g]	[k]	
H	h	[haː]	[h]	[ː]	
I	i	[iː]	[iː]	[i]	[ɪ]
J	j	[jɔt]	[j]		
K	k	[kaː]	[k]		
L	l	[ɛl]	[l]		
M	m	[ɛm]	[m]		
N	n	[ɛn]	[n]		
O	o	[oː]	[oː]	[ɔ]	
P	p	[peː]	[p]		
Q	q	[kuː]	[kv] (← qu)		
R	r	[ɛr]	[r]		
S	s	[ɛs]	[s]	[z]	
T	t	[teː]	[t]		
U	u	[uː]	[uː]	[ʊ]	
V	v	[faʊ]	[f] まれに [v]		
W	w	[veː]	[v]		
X	x	[ɪks]	[ks]		
Y	y	[ýpsilɔn]	[y:]	[ʏ]	
Z	z	[tsɛt]	[ts]		
	ß	[ɛstsét]	[s]		

		名称	音価		
Ä	ä	[ɛː]	[ɛː]	[ɛ]	
Ö	ö	[øː]	[øː]	[œ]	
Ü	ü	[yː]	[yː]	[ʏ]	

Klasse! *Neu*

Yuko TANIZAWA
Kazumi SHIRAKI
Gabriela SCHMIDT

HAKUSUISHA

―――― 音声ダウンロード ――――

付属CDと同じ内容を、白水社ホームページ（http://www.hakusuisha.co.jp/download/）からダウンロードすることができます。（お問い合わせ先：text@hakusuisha.co.jp）

イラスト	中川有美、磯崎一郎
写　　真	ＡＣワークス株式会社、鈴木そむ
	dolgachov, borisb17/123RF（表紙）
装丁・本文レイアウト	株式会社エディポック＋清村美紀
CD吹込	Marei Mentlein
	Thomas Meyer

はじめに

　本書は、好評をいただいた『クラッセ！　初級ドイツ語総合教本』の改訂版です。「ドイツ語を楽しく、使いながら身につける」という基本理念は変わりませんが、授業で実際に使った経験を生かし、より使いやすく、実力のつく教科書を目指し書き改めました。ドイツ事情のページも増やし、音声（CDの吹き込み）も一新いたしました。各課の構成は次のようになっています。

⑴ 聞いて発音してみよう・ダイアローグ
　最初のページに、その課で必要となる語彙が提示されています。CDを聞いて発音練習を繰り返し、語彙を一通り身につけます。次に各課4つのダイアローグで、重要表現・文型を口頭練習します。ペア・ワーク、グループ・ワークを通して、ドイツ語が自然に口に出てくるようになります。

⑵ ドイツ語らしく話す
　ドイツ語で正しく意図を伝えるためには、個々の発音だけでなく、正しいアクセントやイントネーションも大切です。ここで「ドイツ語らしく」話すことを目指して練習します。

⑶ 聞きとり
　学習内容の理解を、音声面でチェックします。必要な情報を聞き取る練習です。

⑷ ドイツ語を読む
　その課のテーマに合わせた短いテキストがあります。内容をつかむ練習です。

⑸ やってみよう
　「ドイツ語を使いながら身につける」ための、課題遂行型の練習（主にドイツ語を書く練習）があります。

⑹ 文法のまとめ
　その課で習った文法事項がまとめてあります。別冊の練習問題でチェックしましょう。

　この教科書の内容はまた、ドイツ語検定の出題範囲を意識して配列されています。6課までで独検5級、10課までで4級、12課までと文法補足を含めれば3級に必要な文法事項が扱われています。また、GER（ヨーロッパ言語共通参照枠）の基準では、およそA1～A2のレベルとなります。独検やStart Deutschなどのゲーテの試験にもチャレンジしてみましょう。

　„Klasse"（クラス）の中で、„Klasse!"（すばらしい）と言えるよう、言われるように、ドイツ語をがんばって練習しましょう。

2018年春　　　　　　　　　　　　　　　　　　　　　　　　　　　　　　　　　　著　者

Vorwort

Wir freuen uns, Ihnen die verbesserte Neuauflage von „Klasse", einem Lehrbuch für das Anfängerniveau an japanischen Universitäten und Oberschulen, vorlegen zu dürfen. Damit die Lernenden mit großer Freude und effektiver lernen können, haben wir neue Ideen in das Konzept aufgenommen. Unverändert basiert dieses Buch auf „handlungsorientiertem Sprachlernen". Jedes Kapitel ist in sechs Teile gegliedert: Einführung des Wortschatzes, Dialoge, Phonetik, Hörübung, Lesetext und Aktivität (oft mit Schreibübung). Die Seiten der Landeskunde sind aktualisiert und die Dialoge wurden neu aufgenommen. Das beiliegende Arbeitsheft ist entsprechend überarbeitet worden, damit die Lernenden zusätzlich Wortschatz und Grammatik üben können.

Inhaltlich ist dieses Lehrwerk für die Vorbereitung verschiedener Prüfungen (Diplom Deutsch in Japan, Niveau 5 und 4) geeignet. Nach dem GER entspricht dieses Buch dem Niveau A1-A2. Wir hoffen, dass die Lernenden viel Spaß in der Klasse haben werden – Das ist Klasse!

Die Autorinnen

Inhalt 目次

はじめに ·· 3
Landeskunde　ドイツの主な都市 ··· 6

Lektion 0　**Aussprache** ～発音～ ··· 7
Lernziele ドイツ語の文字に慣れる
Aussprache アルファベート、母音と子音の発音

Lektion 1　**Begrüßung** ～あいさつ～ ··· 10
Lernziele ドイツ語であいさつができる、初対面の人と話す
Grammatik 規則動詞の現在人称変化（単数）、duとSieの使い分け、語順

Lektion 2　**Vorstellung** ～紹介～ ·· 16
Lernziele 自分や他人の紹介ができる（国籍、言語、職業、年齢、専攻）
Grammatik 規則動詞の現在人称変化（複数）、動詞sein、100までの数

Lektion 3　**Gegenstände** ～持ち物～ ··· 22
Lernziele 自分の持ち物について述べることができる
Grammatik 名詞の性、定冠詞・不定冠詞・否定冠詞の1格、複数形

Lektion 4　**Essen** ～食事～ ··· 28
Lernziele 食べ物を買うことができる、レストランで注文・会計ができる
Grammatik 動詞haben、助動詞möchte、定冠詞・不定冠詞・否定冠詞の4格

Lektion 5　**Familie** ～家族～ ··· 34
Lernziele 家族のことを紹介できる
Grammatik 所有冠詞・定冠詞類・人称代名詞の1格・4格

Lektion 6　**Lieblingssache** ～好きなこと～ ·· 40
Lernziele 自分の好きなことを説明できる
Grammatik 語幹変化動詞、命令形

Lektion 7　**Kleidung und Mode** ～ファッション～ ·· 46
Lernziele 衣服や身の回り品について述べることができる
Grammatik 3格、3格支配の前置詞

Lektion 8　In der Stadt 〜街にて〜 ･･･ 52
　Lernziele　位置関係を述べることができる、道案内ができる
　Grammatik　4格支配の前置詞、3・4格支配の前置詞、複合動詞、時刻の表現

Lektion 9　Ferien 〜休暇〜 ･･･ 58
　Lernziele　休暇について述べることができる
　Grammatik　話法の助動詞、未来形、zu不定詞

Lektion 10　Körper 〜身体〜 ･･ 64
　Lernziele　体にかかわること、体調について話すことができる
　Grammatik　再帰代名詞、再帰動詞、従属接続詞、従属文

Lektion 11　Aktivitäten 〜活動〜 ･･ 70
　Lernziele　過去の出来事や思い出について話すことができる
　Grammatik　過去形、現在完了形

Lektion 12　Wetter und Statistik 〜天候と統計〜 ･･ 76
　Lernziele　天気や日付の表現ができる、統計資料を読んで判断できる
　Grammatik　非人称構文、形容詞の格変化、形容詞の比較級と最上級

- Ergänzung zur Grammatik　文法補足 ･･ 82
　　nichtの位置、2格、関係文、受動文、接続法
- Landeskunde　ドイツ料理、ドイツの祝祭日、旅行 ･･･ 87
- 不規則動詞変化表

［各課の構成］
Hören Sie und sprechen Sie：聞いて発音してみよう
Dialog：話してみよう（**Aufgabe**：練習）
Phonetik：ドイツ語らしく話す
Hören：聞きとり
Lesen：ドイツ語を読む
Aktivität：やってみよう
Grammatik：文法のまとめ

Landeskunde

📘 ドイツの主な都市

Stadt	Bevölkerungs-zahl	Sehenswürdigkeiten	Spezialitäten
Berlin	3.408.000	Brandenburger Tor(ブランデンブルク門) Reichstagsgebäude(連邦議会議事堂) East-Side-Gallery(イーストサイド・ギャラリー) Potsdamer Platz(ポツダム広場) Museumsinsel(博物館島) Kurfürstendamm(クーアフュルステンダム通り)	Currywurst(カレーソーセージ) Bouletten(ブーレッテ) Berliner Weiße(ビール)
Frankfurt am Main	693.000	Goethe-Haus(ゲーテの生家) Deutsche Börse AG(ドイツ証券取引所) die Europäische Zentralbank(ヨーロッパ中央銀行) Römerberg(レーマーベルク広場)	Frankfurter Würstchen(フランクフルターソーセージ) Apfelwein(アップルワイン)
Hamburg	1.789.000	Fischmarkt(魚市場) St. Pauli(ザンクトパウリ) Alster(アルスター湖)	Labskaus(ラプスカウス) Kohl und Pinkel(コール・ウント・ピンケル) Rote Grütze(ローテ・グリュッツェ)
Hannover	514.000	die Herrenhäuser Gärten(ヘレンホイザー庭園) die EXPO-Gärten(Expoパーク)	Sauerfleisch mit Remoulade(ザウアーフライシュ・レムラード添え)
Köln	1.024.000	der Kölner Dom(大聖堂) 4711-Haus(オーデコロンのお店) Karneval(カーニバル)	Halven Hahn(パンにチーズをのせた料理) Kölsch(ビール)
Leipzig	527.000	Thomaskirche(トーマス教会) Völkerschlachtdenkmal(戦争記念碑)	Leipziger Allerlei(野菜煮込み) Leipziger Gose(ビール)
München	1.472.000	Marienplatz(マリーエン広場) Englischer Garten(英国庭園) Pinakothek(ピナコテーク) Residenz(レジデンツ[王宮])	Weißwurst(白ソーセージ) Leberkäse(レバーケーゼ) Brezel(ブレーツェル) Weißbier(白ビール)
Nürnberg	510.000	Kaiserburg(カイザーブルク城) Albrecht-Dürer-Haus(デューラーの家) Germanisches Nationalmuseum(ゲルマン国立博物館)	Nürnberger Rostbratwürstchen(ニュルンベルガー・ソーセージ) Lebkuchen(レープクーヘン) Frankenwein(フランケンワイン)
Stuttgart	586.000	Neues und Altes Schloss(新旧の宮殿) Schlossgarten(宮殿庭園) Rundfahrten auf dem Necker(ネッカー川遊覧) Oper(オペラ) Porsche Museum(ポルシェ博物館) Mercedez-Benz Museum(メルセデス・ベンツ博物館)	Spätzle(シュペッツレ) Maultaschen(マウルタッシェン)

Lektion 0 Aussprache ～発音～

Lernziele ドイツ語の文字に慣れる
Aussprache アルファベート、母音と子音の発音

Das Alphabet：アルファベート　CD 02

A a	[aː] アー	𝒜 𝒶		P p	[peː] ペー	𝒫 𝓅	
B b	[beː] ベー	ℬ 𝒷		Q q	[kuː] クー	𝒬 𝓆	
C c	[tseː] ツェー	𝒞 𝒸		R r	[ɛr] エル	ℛ 𝓇	
D d	[deː] デー	𝒟 𝒹		S s	[ɛs] エス	𝒮 𝓈	
E e	[eː] (狭い) エー	ℰ 𝑒		T t	[teː] テー	𝒯 𝓉	
F f	[ɛf] エフ	ℱ 𝒻		U u	[uː] ウー	𝒰 𝓊	
G g	[geː] ゲー	𝒢 𝑔		V v	[faʊ] ファオ	𝒱 𝓋	
H h	[haː] ハー	ℋ 𝒽		W w	[veː] ヴェー	𝒲 𝓌	
I i	[iː] イー	ℐ 𝒾		X x	[ɪks] イクス	𝒳 𝓍	
J j	[jɔt] ヨット	𝒥 𝒿		Y y	[ýpsilɔn] ユプスィロン	𝒴 𝓎	
K k	[kaː] カー	𝒦 𝓀		Z z	[tsɛt] ツェット	𝒵 𝓏	
L l	[ɛl] エル	ℒ 𝓁		Ä ä	[ɛː] (広い) エー	Ä ä	
M m	[ɛm] エム	ℳ 𝓂		Ö ö	[øː] (唇を丸めて) エー	Ö ö	
N n	[ɛn] エン	𝒩 𝓃		Ü ü	[yː] ユー (唇を丸めてイーと発音)	Ü ü	
O o	[oː] オー	𝒪 𝑜		ß	[ɛs-tsét] エスツェット	β	

Aufgabe 1 次の略語を発音してみよう。意味がわかりますか？

① PC　　② CD　　③ DVD　　④ EU
⑤ USA　　⑥ UN　　⑦ BMW　　⑧ VW

Hören：聞きとり　CD 03

CDを聞いて、聞こえたアルファベートを書きましょう。誰の名前でしょう。

① _____　_____
② _____　_____
③ _____　_____

📖 **ドイツ語の読み方の原則を覚えましょう**

1) 基本的にローマ字式に読む。　　Name [ナーメ] 名前　　Bus [ブス] バス
2) 原則として最初の母音にアクセントを置く。　Morgen 朝　　Karte カード
　　例外・外来語の場合は例外。　　Tomate トマト　　Kartoffel ジャガイモ
3) アクセントのある母音は、後に続く子音が一つなら長音、子音二つ以上なら短音。
　　Guten (長音)　　Morgen (短音)　 名詞は大文字で書き始めます。

sieben | 7

● 母音の発音(1)　単母音・変母音

a	日本語より口を大きく開けて発音。	Name 名前	Karte カード
i	口の両端を横にしっかり引いて発音。	Kino 映画館	Ring 指輪
u	唇を丸めて突き出して発音。	Hut 帽子	Kunst 芸術
e	口を横に引き気味で発音。	Regen 雨	Fest 祭り
o	唇を丸め、口の中に空間を作って発音。	Ofen ストーブ	Morgen 朝
ä	日本語の「エ」より広めに口を開けて発音。	Träne 涙	Kälte 寒さ
ö	唇を丸めて「エ」と発音。	Öl 油	Löffel スプーン
ü	唇を丸めて「イ」と発音。	Übung 練習	fünf (数字の)5

- 同じ母音を重ねると長音になる。　Aal うなぎ　Tee お茶　Boot ボート
- 母音＋hは長音になる（hは発音しない）。　gehen 行く　fahren (乗り物で)行く
- 語末のerやrは軽く「ァ」と発音することが多い。　Oper オペラ　Uhr 時計

● 母音の発音(2)　母音が連続し、特別な読み方になるもの

au	[aʊ]	Baum 木	Frau 女		
ei, ay	[aɪ]	Arbeit 仕事	eins (数字の)1	Bayern バイエルン	
eu, äu	[ɔY]	heute 今日	Euro ユーロ	Europa ヨーロッパ	träumen 夢を見る
ie	[iː]	Liebe 愛	Bier ビール		

- ただし外来語は「イェ」と発音。　Familie 家族　Italien イタリア

● 子音の発音

b, d, g	語末で後に母音がないと清音 [p], [t], [k]				
		halb 半分	Geld お金	Tag 日	
ch	①前に母音 a, o, u, au があるとき [x]				
		Bach 川	Koch コック	Buch 本	auch ～もまた
	②その他の場合 [ç]	ich 私	Milch 牛乳	echt 本当の	
chs, x	[ks]	Fuchs きつね	Lachs 鮭	Taxi タクシー	
語末の -ig	[ɪç]	billig 安い	König 王様		
pf	[pf]	Apfel りんご	Kopf 頭		
s	①後に母音があると濁音 [z]		Sonne 太陽	sieben (数字の)7	
	②後に母音がないと清音 [s]		Haus 家		
ß	常に清音 [s]（前の母音は長音か二重母音）　Fuß 足			heiß 暑い	
ss	常に清音 [s]（前の母音は短音）　essen 食べる			Kuss キス	
sch	[ʃ]	Englisch 英語	Schule 学校		
st-, sp-	語頭のsはschと同じ音 [ʃ]		Stuhl 椅子	Sport スポーツ	
tsch	[tʃ]	Deutsch ドイツ語	Tschüs バイバイ		
ds, ts, tz	[ts]	abends 晩に	rechts 右に		

● 英語と異なるので特に注意が必要なもの

j	[j]	**J**apan 日本	**j**ung 若い	**j**etzt 今
v	[f]	**V**ater 父	**v**ier (数字の)4	
	[v] (外来語)	**V**ase 花瓶	Uni**v**ersität 大学	
w	[v]	**W**asser 水	**W**ein ワイン	
z	[ts]	**Z**eit 時間	tan**z**en 踊る	

Aufgabe 2 下線部に注意して、10までの数字を読んでみましょう。 CD 06

Zahlen(1)

0	1	2	3	4	5	6	7	8	9	10
null	<u>ei</u>ns,	<u>z</u>wei,	d<u>r</u>ei,	<u>v</u>ier,	f<u>ü</u>nf,	<u>s</u>ech<u>s</u>,	<u>s</u>ieben,	a<u>ch</u>t,	<u>n</u>eun,	<u>z</u>ehn

 教室で使えるドイツ語を読んでみましょう

もう一度お願いします。	➡ Noch einmal, bitte!
ゆっくり話してください。	➡ Sprechen Sie langsam, bitte!
ドイツ語で何といいますか？	➡ Wie heißt das auf Deutsch?
質問があるのですが。	➡ Ich hätte eine Frage.

この教科書の登場人物紹介

野村綾香　18歳。東京にある音楽大学の1年生。現在ハンブルク大学のドイツ語コースに参加している。亜弓という15歳の妹が一人いる。

トーマス・シュナイダー　20歳。ハンブルク大学で法律を学ぶ学生。

リーザ・クライン　20歳。ハンブルク大学で日本学を学ぶ学生。

フェリックス・マイヤー　45歳。ドイツ語教師。

レナーテ・ヴェーバー　38歳。ドイツ語教師。

neun | 9

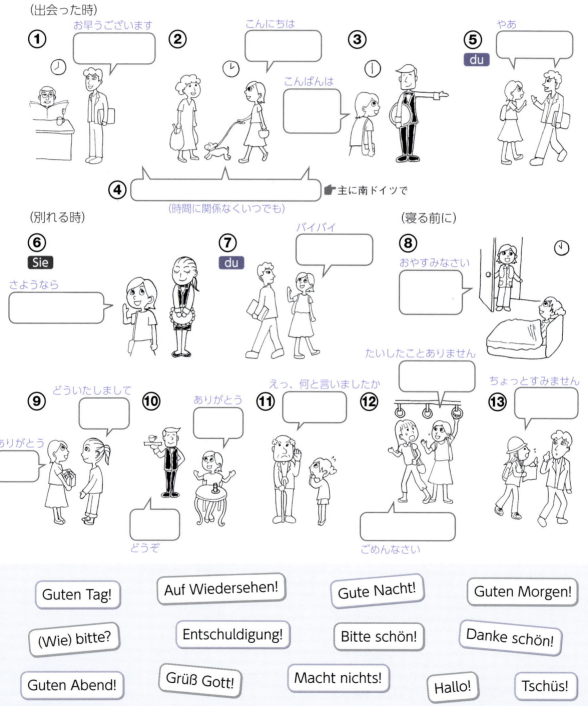

Lektion 1

• 語学コースの初日 ▶ Am ersten Tag beim Sprachkurs

Dialog ①　初めまして / Freut mich!　　　CD 08

Guten Morgen! Ich heiße Ayaka Nomura. Wie heißen **Sie**?

Guten Morgen, Frau Nomura! Ich heiße Felix Meyer. Freut mich!

男性には Herr+姓
女性には Frau+姓

Aufgabe 1　挨拶をし、お互いに名前を聞こう（初対面なのでSieを使いましょう）。Grüßen Sie.

A: Guten Morgen / Tag ! Ich heiße ＿＿＿＿＿. Wie heißen Sie?
B: Guten Morgen / Tag , Herr / Frau ＿＿＿＿＿!
　 Ich heiße ＿＿＿＿＿. Freut mich!　　▶初対面の時、握手をすることが多い。

Dialog ②　えっ、何と言いましたか？ / Wie bitte?　スペルを言います。/ Ich buchstabiere.
　　　　　　　CD 08

Hallo, ich heiße Thomas. Wie heißt **du**?

Wie bitte?

Ich heiße Ayaka.

Ayaka.
Ich buchstabiere : A-Y-A-K-A.

Aufgabe 2　もう一度お互いに名前を聞こう（学生同士なのでduを使いましょう）。

Fragen Sie gegenseitig.

heißen ～という名前である
ich heiße / du heißt / Sie heißen

A: Hallo! Ich heiße ＿＿＿＿＿. Wie heißt du?
B: Ich heiße ＿＿＿＿＿.
A: Wie bitte?
B: ＿＿＿＿＿. Ich buchstabiere: ＿＿＿＿＿.

▶親しい人には姓は不要、名前だけ。

📖 **親称のduと敬称のSie**

家族や友人、学生同士など気の置けない親しい間柄では親称のduを、その他の相手には敬称のSieを使います。英語には２人称の使い分けはなくyouだけですが、ドイツ語をはじめヨーロッパの言語の多くは、話し相手との関係で親称と敬称を使い分けます。

elf | 11

Dialog ③ 出身は？ / Woher kommst du?　　住まいは？ / Wo wohnst du? CD 09

`du で`

Woher kommst du?

Und wo wohnst du?

Ich komme aus Deutschland, aus Kiel.

Ich wohne jetzt in Hamburg.

Aufgabe 3 クラスの人にduでインタヴューをして、下の表を埋めよう。Machen Sie ein Interview.

	Partner / Partnerin 1	Partner / Partnerin 2	Partner / Partnerin 3
Vorname			
Familienname			
Herkunft			
Wohnort			

☞Partner (英*partner*)　Partnerin は女性形、Vorname (英*first name*)、Familienname (英*family name*)、Herkunft (her+kommen)、Wohnort (wohnen+Ort)

Dialog ④ お元気ですか？ / Wie geht es Ihnen?　　元気？ / Wie geht's? CD 09

`Sie で`

　Meyer : Guten Tag, Frau Nomura! Wie geht es Ihnen?
Nomura : Danke, gut! Und Ihnen?
　Meyer : Auch gut, danke.

`du で`

Thomas : Hallo, Ayaka! Wie geht's?
　Ayaka : Danke, sehr gut! Und dir?
Thomas : Es geht.

Aufgabe 4 周りの人に調子はどうか尋ねてみよう。Fragen Sie.

　　Super!　　　　　　　Gut!　　　　　　　Es geht.　　　　　　Nicht so gut.

Lektion 1

別れのあいさつ　CD 10

Sie で

Auf Wiedersehen! Schönen Tag noch! / Schönes Wochenende!
　さようなら！　良い一日を！／　良い週末を！
— Danke, gleichfalls! Auf Wiedersehen!
　ありがとう、あなたも同様に！　さようなら！

du で

Tschüs! Bis nächste Woche! / Bis bald!
　バイバイ！　また来週！／また近いうちに！
— Tschüs!
　バイバイ！

Aufgabe 5 授業の終わりに、先生と友人に別れのあいさつをしてみよう。
Verabschieden Sie sich in der Klasse.

Phonetik：ドイツ語らしく話す　CD 11

1）CD を聞き、● を強く、● を特に強く読んでみましょう。

| Guten Tag　● • ● | Guten Morgen　● • ● • |
| Guten Abend　● • ● • | Gute Nacht　● • ● |
| Ich heiße Satoshi Nakamura　● ● • ● • ● • ● • |

2）長母音と短母音に注意して読んでみましょう。
アクセントのある母音は、後に続く子音が一つなら長母音、二つ以上なら短母音です。母音＋h も長母音です。

Vokal lang 長母音	Vokal kurz 短母音
gut, Tag, Abend, schön, Wiedersehen, wohnen, üben	Morgen, ich, Nacht, bitte, danke, und, kommen

Hören：聞きとり　CD 12

聞こえたものにチェックしましょう。Kreuzen Sie an.

① Ich heiße　　　☐ Thomas　　☐ Tobias　　☐ Theodor
② Ich komme aus　☐ Bonn　　　☐ Bremen　　☐ Berlin
③ Ich wohne in　　☐ Hannover　☐ Hameln　　☐ Hamburg

dreizehn | 13

Lesen：ドイツ語を読む

次の文を読んで、後の問いに答えましょう。Lesen Sie den Text und beantworten Sie die Fragen.

> Hallo! Ich heiße Lisa. Ich komme aus Köln. Jetzt wohne ich in Lübeck bei Hamburg. Ich spiele gern Klavier.
> Er heißt Benni und wohnt in Hamburg. Er arbeitet hier. Er spielt gern Fußball.
>
> ☛ gern（好んで）の位置に注意しましょう。

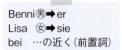

Fragen

① Woher kommt Lisa?
② Wo wohnt Lisa?
③ Was macht Lisa gern?
④ Wo arbeitet Benni?
⑤ Was macht Benni gern?

er / sie / es　kommt

Aktivität：やってみよう

A　図書館の申込みカードに必要事項を記入してみましょう。

```
          Stadtbücherei    Anmeldung

   Vorname:       ------------------------------
   Familienname:  ------------------------------
   Herkunft:      ------------------------------
   Wohnort:       ------------------------------
   Telefonnummer: ------------------------------
```

B　左と右を結びつけましょう。Verbinden Sie.

A：Guten Morgen!　　　　　　　　・　　・① Danke sehr!
B：Tschüs, Lisa!　　　　　　　　　・　　・② Danke, gut. Und Ihnen?
C：Kommst du aus Hamburg?　　・　　・③ Gute Nacht! Schlaf gut!
D：Hallo, Satoshi!　　　　　　　　・　　・④ Macht nichts.
E：Gute Nacht!　　　　　　　　　・　　・⑤ Nein, aus Bremen!
F：Guten Tag, Herr Nakamura!　・　　・⑥ Guten Tag, Herr Müller! Wie geht es Ihnen?
G：Wie geht es Ihnen, Frau Weber?・　・⑦ Bis morgen, Thomas!
H：Vielen Dank!　　　　　　　　　・　　・⑧ Bitte schön!
I：Entschuldigung!　　　　　　　・　　・⑨ Hallo, Benni!
J：Bitte schön!　　　　　　　　　・　　・⑩ Guten Morgen, Frau Nomura!

Grammatik

Lektion 1

1 現在人称変化（単数）

不定詞（語幹＋語尾）		komm en 来る	wohn en 住む	heiß en ～という名前である	arbeit en 働く
1人称単数 ich 私が		komm e	wohn e	heiß e	arbeit e
2人称単数	du （親称）君が	komm st	wohn st	heiß ṣt*	arbeit est**
	Sie （敬称）あなたが	komm en	wohn en	heiß en	arbeit en
3人称単数 er 彼が / sie 彼女が / es それが		komm t	wohn t	heiß t	arbeit et**

- 不定詞（＝動詞の原形）は語幹と語尾からできています。

  komm（語幹）＋en（語尾）

- 動詞の語幹には、主語によって決まった語尾が付きます。主語が定まって語尾が付いた形を、定形（または定動詞）と呼びます。

- 語幹が -s, -ss, -ß, -z で終わる場合、du の語尾は -t だけになります（表*）。
  （例）reisen（旅行する）、küssen（キスをする）、heißen（～という名前である）、tanzen（踊る）など。

- 語幹が -d, -t で終わる場合、発音しやすいように du と er/sie/es の語尾の前に e が入ります（表**）。
  （例）finden（みつける）、arbeiten（働く）、warten（待つ）など。

2 語順の原則

- 平叙文では、定形は文の要素の2番目に置きます（定動詞第2位）。先頭は主語でなくてもかまいません。

  Ich wohne jetzt in Hamburg. 私は今ハンブルクに住んでいます。
  ＝ Jetzt wohne ich in Hamburg. ＝ In Hamburg wohne ich jetzt.

- 疑問詞を使う疑問文では、疑問詞が先頭で、次に定形を置きます。

  Wie heißen Sie? Wo wohnst du?

- 等位接続詞（und, aber, oder, denn）は語順に影響しません。

  Ich wohne in Hamburg und sie wohnt in Lübeck.
  　　　　　　　　　私はハンブルクに住んでいて、彼女はリューベックに住んでいます。

Lektion 2 Vorstellung ～紹 介～

Lernziele 自分や他人の紹介ができる（国籍、言語、職業、年齢、専攻）
Grammatik 規則動詞の現在人称変化（複数）、動詞sein、100までの数

Hören Sie und sprechen Sie：聞いて発音してみよう CD 14

聞いて発音してみましょう。何か規則が見つかりますか？ [Länder, Menschen, Sprachen]

国　Land	人(男性)　Mann	人(女性)　Frau	言語　Sprache
Deutschland	Deutscher	Deutsche	Deutsch
Österreich	Österreicher	Österreicherin	Deutsch
Frankreich	Franzose	Französin	Französisch
Italien	Italiener	Italienerin	Italienisch
Japan	Japaner	Japanerin	Japanisch
China	Chinese	Chinesin	Chinesisch
Korea	Koreaner	Koreanerin	Koreanisch

Hören Sie und sprechen Sie：聞いて発音してみよう CD 15

男性形と女性形に気をつけ、聞いて発音してみましょう。[Berufe]

 Schüler /-in　 Student /-in　 Lehrer /-in　 Professor /-in

 Arzt /Ärztin　 Sekretär /-in　 Polizist /-in　 Ingenieur /-in

 Verkäufer /-in　 Kellner /-in　 Pilot /-in　 Journalist /-in

 Angestellter / Angestellte　 Beamter / Beamtin　 Hausmann / Hausfrau

Lektion 2

• 大学のキャンパスで ▶ Auf dem Campus einer Universität

Dialog ① ドイツ人ですか？ / Bist du Deutscher? CD 16

du で

Bist du Deutscher?

Nein, ich bin Japanerin.

Ja, ich bin Deutscher.
Bist du Chinesin?

ich bin
du bist

Aufgabe 1 その国の人になりきって、国籍を聞いてみよう。男性形・女性形に注意すること。

Fragen Sie und antworten Sie.

① Japaner / -in?　　　➡ Ja, ＿＿＿＿＿＿＿＿＿＿ .
② Italiener / -in?　　　➡ Ja, ＿＿＿＿＿＿＿＿＿＿ .
③ Deutscher / Deutsche?　➡ Nein, ＿＿＿＿＿＿＿＿＿＿ . (Österreicher / -in)
④ Engländer / -in?　　　➡ Nein, ＿＿＿＿＿＿＿＿＿＿ . (Amerikaner / -in)

Dialog ② ご職業は何ですか？ / Was sind Sie von Beruf? CD 16

Sie で

Was machen Sie, Herr Schneider?

Ich bin Deutschlehrer.

Ich bin Student.
Was sind Sie von Beruf, Herr Meyer?

Aufgabe 2 例のように、2つの言い方で職業を聞いてみよう。男性形・女性形に注意すること。

Fragen Sie.

(例) A: Was sind Sie von Beruf? / Was machen Sie?　B: Ich bin Kellner/-in.

① Sie で相手に聞く　② du で相手に聞く　③ Herr Lange　④ Frau Weber

Sie sind
er / sie ist

(Ingenieur)　(Lehrerin)

siebzehn | 17

Dialog ③ 何歳ですか？ / Wie alt bist du?

du で

Wie alt bist du?

Ich bin achtzehn.

Ich bin zwanzig. Und du?
Wie alt bist du?

Aufgabe 3 年齢を聞き、答えてみよう。Fragen Sie nach dem Alter und antworten Sie.

①duで相手の　②Sieで相手の　③Ayumiは何歳？　④Thomas und Lisaは何歳？
　年齢を聞く　　　年齢を聞く　　　（15）　　　　　（20）

sie（彼ら）sind

Zahlen (2)：11から100までの数を覚えましょう。　※1〜10の数字は9ページ参照

11 elf	16 sech**zehn**	21 ein**und**zwan**zig**	30 drei**ß**ig	80 acht**zig**
12 zwölf	17 sieb**zehn**	22 zwei**und**zwan**zig**	40 vier**zig**	90 neun**zig**
13 drei**zehn**	18 acht**zehn**	23 drei**und**zwan**zig**	50 fünf**zig**	100 (ein) hundert
14 vier**zehn**	19 neun**zehn**	…………	60 sech**zig**	
15 fünf**zehn**	20 zwanzig	29 neun**und**zwan**zig**	70 sieb**zig**	

Aufgabe 4 聞こえた数字をチェックしよう。Welche Zahl hören Sie?

① ☐13　☐30　　② ☐72　☐27　　③ ☐20　☐12
④ ☐61　☐71　　⑤ ☐94　☐49　　⑥ ☐56　☐46

Dialog ④ 専攻は？ / Was studierst du?

du で

Was studierst du?

Und was lernst du?

Ich studiere Jura.

Ich lerne Französisch.

Aufgabe 5 次ページの表を参考に、大学での専攻と学んでいるもの（言語など）を聞いてみよう。
Machen Sie ein Interview. Benutzen Sie die Vokabeln auf der nächsten Seite.

（例）A: Was studierst du?　　B: Ich studiere _____ .
　　　A: Und was lernst du?　 B: Ich lerne _____ .

Lektion 2

大学での専攻と学校での科目

studieren ➡ Uni, Student		lernen ➡ Schule, Schüler
Jura [法学]	Technik [工学]	Sprache [言語]
Philosophie [哲学]	Literatur [文学]	(Deutsch, Japanisch, Englisch,
Pädagogik [教育学]	Psychologie [心理学]	Französisch, Spanisch, Chinesisch,
Soziologie [社会学]	Musik [音楽]	Koreanisch, ….)
Wirtschaftswissenschaften [経済学]	Geschichte [歴史学]	Mathematik (Mathe) [数学]
Germanistik [ドイツ語学・文学]	Japanologie [日本学]	Musik [音楽]
Biologie [生物学]	Chemie [化学]	Chemie [化学]
Medizin [医学]	Mathematik [数学]	Geschichte [歴史]
Informatik [情報学]	Physik [物理学]	Geographie [地理]

Phonetik：ドイツ語らしく話す

● 子音（1）

h ① [h] のどの奥から出す「ハー」という息の音 heißen, woher
   ② 母音＋h（前の母音を延ばす） wohnen, Ihnen

ch ① [x] 直前の母音がa, o, u, auの場合、「ハー」でのどの奥を狭めて acht, machen, Buch
   ② [ç] 直前の母音がi, e, ü, öや子音の後、語頭で「ヒ」ich, München, Chinese
   *アハハ、イヒヒ、ウフフ、オホホ、のように覚えましょう。

sch [ʃ] 日本語の「シ」より少し前で、唇を丸めて突き出す Schüler, schön, Geschichte

Aufgabe　読んでみよう。Lesen Sie.

   ich nicht // ich auch // mach ich // nicht schön

Hören：聞きとり

3人のインタヴューを聞いて、当てはまる情報を線で結びましょう。Verbinden Sie.

Melanie •
- wohnt in Zürich
- lernt Italienisch
- studiert Informatik

Sascha •
- wohnt in Wien
- lernt Französisch

Alexander •
- lernt Englisch
- kommt aus Hamburg

Lesen：ドイツ語を読む

次の文を読んで，後の問いに答えましょう。Lesen Sie den Text und beantworten Sie die Fragen.

> Hamburg ist international.
>
> Das ist Ayaka. Sie kommt aus Japan und studiert Musik. Natürlich lernt sie auch Deutsch. Sie lernt immer fleißig. Das ist Christine. Sie ist Amerikanerin und kommt aus Kalifornien. Sie studiert Biologie und lernt Deutsch und Spanisch. Sie spielt gern Flöte. Sie ist sehr freundlich. Das sind Thomas und Lisa. Sie sind zwanzig und kommen aus Deutschland. Thomas studiert Jura und Lisa studiert Literatur.

Fragen

① Was studiert Ayaka? _____
② Was lernt Christine? _____
③ Wie ist Christine? _____
④ Woher kommen Thomas und Lisa? _____

Aktivität：やってみよう

A：次の人物についてお互いに質問し、答えてみましょう。Fragen Sie sich gegenseitig zu den Personen.

1) Name: Satoshi Nakamura
   Herkunft: Osaka
   Wohnort: Tokyo
   Alter: 38
   Beruf: Ingenieur
   Lernen: Englisch

2) Name: Maria Schulz
   Herkunft: Köln
   Wohnort: München
   Alter: 26
   Beruf: Sekretärin
   Lernen: Französisch

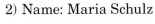

（この人物は誰か）Wer ist das? — Das ist _____ .
（出身）Woher kommt er/sie? — Er/Sie _____ aus _____ .
（住所）Wo wohnt er/sie? — Er/Sie _____ in _____ .
（年齢）Wie alt ist er/sie? — Er/Sie _____ _____ .
（職業）Was _____ er/sie von Beruf? — Er/Sie _____ _____ .
（習っているもの）Was _____ er/sie? — Er/Sie _____ _____ .

B：有名人や皆が知っている人物について、説明してみましょう。Stellen Sie berühmte Personen vor.

Grammatik

Lektion 2

1 人称代名詞と現在人称変化

不定詞		lernen (英)learn	studieren (英)study	sein (英)be
1人称単数	ich 私が	lerne	studiere	bin
2人称(親称)単数	du 君が	lernst	studierst	bist
3人称単数	er 彼が / sie 彼女が / es それが	lernt	studiert	ist
1人称複数	wir 私たちが	lernen	studieren	sind
2人称(親称)複数	ihr 君たちが	lernt	studiert	seid
3人称複数	sie 彼らが	lernen	studieren	sind
2人称(敬称)単数／複数	Sie あなた(方)が	lernen	studieren	sind

・2人称親称duの複数はihr、2人称敬称Sieは複数もSieです。
・2人称敬称Sieの人称変化は、3人称複数sieと同じになります。
・seinの人称変化は不規則です。

2 疑問文の語順

・ja/neinで答える疑問文（決定疑問文）では、定形を先頭に置きます。
　　Bist du Deutsche? — Ja, ich bin Deutsche.　ドイツ人（女性）ですか？ —はい、ドイツ人です。
　　Wohnen Sie in Hamburg? — Nein, ich wohne in Bremen.
　　　　　　　　　　　　　　　ハンブルクに住んでいますか？ —いいえ、ブレーメンに住んでいます。

・疑問詞を使う疑問文（補足疑問文）では、疑問詞が先頭で、次に定形を置きます。
　　Was sind Sie von Beruf? — Ich bin Lehrerin.　職業は何ですか？ —教師（女性）です。
　　Wie alt bist du? — Ich bin zwanzig.　何歳？ —20歳です。

ミニ・ランデスクンデ

　ドイツの大学には多くの外国人学生が在籍しており、全学生の約12パーセントを占めています。大半の大学が国立で、授業料は無料またはかなり低額（1学期あたり500ユーロ以下）です。入学するためにはDSHやTestDaFなどのドイツ語検定試験に合格しなければなりませんが、綾香のように大学付属の語学コースにまず参加して、ドイツ語の実力をつけることもできます。
　studierenは大学での専攻・研究の場合に使います。それ以外の勉強、語学学習などにはlernenを使います。基本的に大学でstudierenする人がStudent/-inです。高校生以下はSchüler/-inです。

Lektion 3: Gegenstände 〜持ち物〜

Lernziele 自分の持ち物について述べることができる
Grammatik 名詞の性、定冠詞・不定冠詞・否定冠詞の1格、複数形

Hören Sie und sprechen Sie：聞いて発音してみよう

単語の前についているder, die, dasは何を表わすでしょうか。

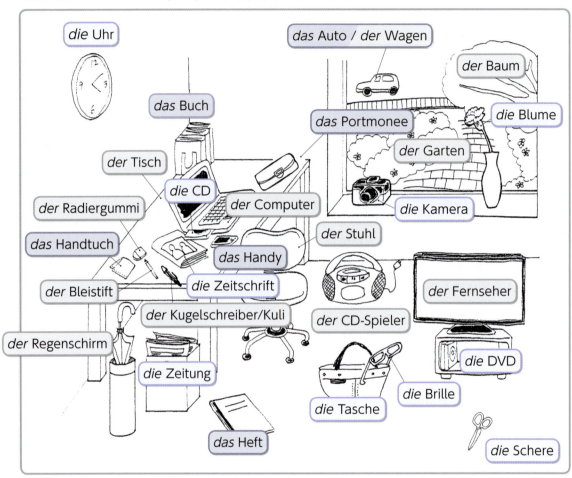

男性名詞、女性名詞、中性名詞に分けましょう。ここに出ていない自分の持ち物も辞書で調べて追加してみましょう。

男性名詞	女性名詞	中性名詞

Lektion 3

• ドイツ語の授業で ▶ Im Deutschunterricht

Dialog ① ドイツ語で何と言いますか？ / Wie heißt das auf Deutsch? CD 26

Wie heißt das auf Deutsch?

Buch. Das ist ein Buch.

不定冠詞1格
ein ＋男性・中性
eine＋女性

Aufgabe 1 ドイツ語で何というか聞いてみよう。Fragen Sie.

（パターン１）番号を指差して聞いてみよう。

A: Nummer 1. Wie heißt das auf Deutsch?

B: ＿＿＿＿＿＿. Das ist ein / eine ＿＿＿＿＿＿.

① 　② 　③ 　④ 　⑤ 　⑥

（パターン２）いろいろな表現を他の言語では何というか、聞いてみよう。

A: Wie heißt „*Arigato*" auf Deutsch?　　B: „Danke".

B: Und wie heißt „Buch" auf Japanisch?　B: „＿＿＿＿＿＿".

Dialog ② これは携帯電話ですか？ / Ist das ein Handy? CD 26

Ist das ein Handy?

Ist das eine CD?

否定冠詞1格
kein ＋男性・中性
keine＋女性

Ja, das ist ein Handy.

Nein, das ist keine CD, sondern eine DVD.

sondern （～ではなく）…だ

Aufgabe 2 例のように質問し、答えてみよう。Fragen Sie.

（例）Ist das ein Handy?

— Nein, das ist kein Handy, sondern eine Kamera.

① 　② 　③ 　④

r Bleistift　　　　s Buch　　　　　r Computer　　　e Lehrerin
r Kugelschreiber　s Wörterbuch　　r Fernseher　　　e Sekretärin

☛ rは男性名詞、eは女性名詞、sは中性名詞を表わします。

dreiundzwanzig | 23

Dialog ③ そこに鉛筆は何本ありますか？ / Wie viele Bleistifte sind da?

 Wie viele Bleistifte sind da?

Hier sind fünf Bleistifte.

Aufgabe 3 いくつあるか聞いてみよう。 Fragen Sie.

A: Wie viele _____ sind da?
B: Hier sind _____ _____ .

①
5本の傘（Regenschirme）

②
6個の時計（Uhren）

③
3台の車（Autos）

④
8冊の本（Bücher）

Dialog ④ これは何ですか？ / Was ist das?

 Was ist das?

Das ist ein Wörterbuch.

Ist das Wörterbuch gut?

Ja, es ist sehr gut.

Aufgabe 4 次のページの形容詞を用いて話してみよう。
Machen Sie Dialoge. Benutzen Sie die Adjektive auf der nächsten Seite.

A: Was ist das?
B: Das ist ein / eine _____ / （複数の場合）Das sind _____ .
A: Ist der / die / das _____ _____ ? / Sind die _____ _____ ?
B: Ja, er / sie / es ist sehr _____ / Ja, sie sind sehr _____ .

①
｛CDプレーヤー
｛古い

②
｛自動車
｛新しい

③
｛カメラ
｛安い

④
｛花（複数）
｛きれい

Blume
➡ Blumen

Lektion 3

形容詞

gut 良い ⇔ schlecht 悪い	groß 大きい ⇔ klein 小さい	lang 長い ⇔ kurz 短い
neu 新しい ⇔ alt 古い	praktisch 便利な ⇔ unpraktisch 不便な	
schwer 重い ⇔ leicht 軽い	schön きれいな ⇔ hässlich みにくい	
teuer 高い ⇔ billig 安い／preiswert お値打ちな	kaputt こわれた (sehrと一緒に使わない)	

 Phonetik：ドイツ語らしく話す

● 母音（1）

日本人にとって難しいのは、日本語のイとエにあたる母音の区別です。
日本語のイに相当するドイツ語の母音は4つあります。„bitte"のような短母音の [ɪ]、„sieben"のような長母音の [iː]、ウムラウトの [ʏ]（„fünf"）と [yː]（„Schüler"）です。
同様に、エにも4種類あります。[ɛ]（„echt"）、[eː]（„sehen"）、[œ]（„zwölf"）、[øː]（„schön"）です。
ここで重要なのは、①母音の長短、②唇の形と緊張です。
短母音の [ɪ] [ɛ] は緊張がありません。
長母音の [iː] [eː] は、にっこり微笑んだ時のように唇を緊張させます。
変母音の ö [œ]、ü [ʏ] は、唇を丸めて緊張させます。
[iː] と ü [yː] の違いは、唇の形だけです。（例）hier üben   iː   üː
[eː] と ö [øː] の違いも、唇の形だけです。（例）sehr schön   eː   öː

Aufgabe 読んでみよう。Lesen Sie.

Hier bitte sehr schön üben! Üben Sie bitte hier! Sehr schön! Bitte fünf!

 Hören：聞きとり

聞こえたほうにチェックしましょう。Hören Sie und kreuzen Sie an.

☐ Ist das ein Buch?	☐ Ist das kein Buch?
☐ Ich bin Deutsche.	☐ Ich bin Deutscher.
☐ Er ist Franzose.	☐ Sie ist Französin.
☐ Sind Sie Chinese?	☐ Sind Sie Chinesin?
☐ Das ist keine CD.	☐ Das ist eine CD.
☐ Das Auto ist neu.	☐ Das Auto ist gut.

Lesen：ドイツ語を読む

次のメールを読んで、後の文の内容が正しいか間違っているか答えましょう。
Richtig oder falsch? Lesen Sie die Mail und kreuzen Sie an.

✉
From: Renate
To: Anna
Subject: Gruß aus Tokyo

Liebe Anna,

anbei schicke ich zwei Fotos. Ein Foto, das ist ein Klassenzimmer. Die Tische und Stühle sind neu. Hier ist ein Computer. Der Computer ist nicht neu aber praktisch. Das Zimmer ist angenehm. Ich unterrichte hier Deutsch. Und da sind auch Schüler.
Und noch ein Foto: Hier ist die Wohnung. Sie ist sehr klein. Hier ist ein Bett. Das Bett kommt aus Schweden und ist nicht teuer.
Viele Grüße aus Tokyo,

Renate

> Lieber ＋男性名
> Liebe ＋女性名
> anbei （メールに）添付して

Fragen

① Anna schickt die Mail.	☐ richtig	☐ falsch
② Die Tische sind nicht alt.	☐ richtig	☐ falsch
③ Der Computer ist unpraktisch.	☐ richtig	☐ falsch
④ Renate ist Deutschlehrerin.	☐ richtig	☐ falsch
⑤ Renate arbeitet jetzt in Tokyo.	☐ richtig	☐ falsch

Aktivität：やってみよう

22ページの絵を見ながら、自分の持ち物や身近にある物を説明しましょう。
Sehen Sie die Abbildungen auf Seite 22 und beschreiben Sie Ihre Sachen.

（例）　Hier ist ein Druckbleistift*. Der Druckbleistift ist billig aber praktisch.
　　　　Hier sind Markierstifte**. Die Markierstifte sind neu und schön.

> * r Druckbleistift
> 　　シャープペンシル
> ** Markierstifte ＜ r Markierstift
> 　　マーカーペン

Grammatik

 Lektion 3

1 名詞の性

	男性名詞 maskulin	女性名詞 feminin	中性名詞 neutral	複数形 Plural
定冠詞 (英 *the*)	de**r** Tisch	di**e** Uhr	da**s** Buch	di**e** Bücher
不定冠詞 (英 *a, an*)	ein Tisch	ein**e** Uhr	ein Buch	Bücher
否定冠詞 (英 *no*)	kein Tisch	kein**e** Uhr	kein Buch	kein**e** Bücher
人称代名詞	e**r**	si**e**	e**s**	si**e**

・名詞の性は、文法上のグループ分けで、生物学上の性とは必ずしも関係ありません。
　　das Mädchen, der Hund, die Katze
・不特定の物、初めて会話にでてきた物には不定冠詞を、特定の物、既出の物には定冠詞を付けます。
・対応する人称代名詞は、人物／事物にかかわらず、男性・女性・中性名詞の区分に従います。
　"それ"　der Computer→er,　die Uhr→sie,　das Buch→es

2 複数形

👉 複数形では、名詞の性にかかわらず定冠詞は die を使います。

	単数	複数	
1　無語尾型 (母音がウムラウトすることもある)	der Lehrer der Bruder	die Lehrer die Brüder	-er, -el で終わる男性名詞に多い
2　－e型 (母音はよくウムラウトする)	der Hund der Schrank	die Hunde die Schränke	単音節の男性名詞に多い
3　－er型 (母音は必ずウムラウトする)	das Kind das Buch	die Kinder die Bücher	中性名詞に多い 女性名詞はない
4　－(e)n型 (母音はウムラウトしない)	die Uhr die Schwester	die Uhren die Schwestern	女性名詞に多い
5　－s型 (母音はウムラウトしない)	das Handy die Uni	die Handys die Unis	外来語に多い 短い単語／略名に多い

3 名詞の否定

・不特定の名詞を否定するときには、否定冠詞を使います。
　　Das ist ein Wörterbuch. ➡ （否定）Das ist kein Wörterbuch.　これは辞書ではありません。
・特定の名詞を否定するときには、nicht を使います。否定冠詞は使えません。
　　Das ist das Wörterbuch. ➡ （否定）Das ist nicht das Wörterbuch.
　　　　　　　　　　　　　　　　　　　　　　　　　これはその辞書ではありません。

siebenundzwanzig

Lektion 4 — Essen ～食 事～

Lernziele 食べ物を買うことができる、レストランで注文・会計ができる
Grammatik 動詞 haben、助動詞 möchte、定冠詞・不定冠詞・否定冠詞の４格

Hören Sie und sprechen Sie：聞いて発音してみよう

CD 32

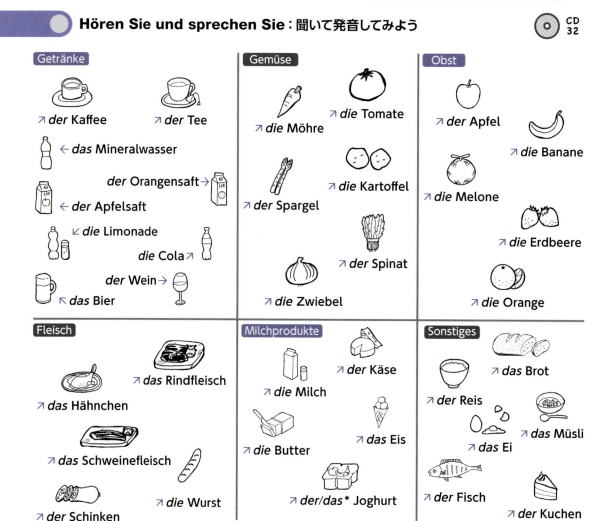

Getränke
- der Kaffee
- der Tee
- das Mineralwasser
- der Orangensaft
- der Apfelsaft
- die Limonade
- die Cola
- der Wein
- das Bier

Gemüse
- die Möhre
- die Tomate
- der Spargel
- die Kartoffel
- der Spinat
- die Zwiebel

Obst
- der Apfel
- die Banane
- die Melone
- die Erdbeere
- die Orange

Fleisch
- das Rindfleisch
- das Hähnchen
- das Schweinefleisch
- die Wurst
- der Schinken

Milchprodukte
- der Käse
- die Milch
- die Butter
- das Eis
- der/das* Joghurt

Sonstiges
- das Brot
- der Reis
- das Müsli
- das Ei
- der Fisch
- der Kuchen

👉 *Joghurt のように二つの性を持つ名詞があります。

朝食、昼食、夕食には何を食べ、飲みますか？　リストを作ってみましょう。
Was essen und trinken Sie zum Frühstück? Zum Mittagessen? Zum Abendessen?

Lektion 4

• 市場にて ▶ Auf dem Markt

Dialog ① メロンをください / Ich möchte eine Melone.

Sie wünschen?

Sie kostet 1,50 Euro.*
Sonst noch etwas?

Ich möchte eine Melone.
Was kostet die Melone?

不定冠詞4格（～を）
einen ＋男性名詞
eine ＋女性名詞
ein ＋中性名詞

Nein, das ist alles.

* einen Euro fünfzig と読みます（kosten ＋ 4格）。

Aufgabe 1 上の対話文のような、店員と客のロールプレイをしてみよう。Spielen Sie Dialoge.

① 　② 　③ 　④

r Apfel　　　s Brot　　　e Orange　　　Erdbeeren (*pl.*)*
(0,50 Euro)　(2,20 Euro)　(0,40 Euro)　(3,10 Euro)

*(*pl.*)は複数の意味です。

📘 値段の書き方と読み方

€1,00 / 1,00€ / €1,- / 1,- €　=　ein Euro
€0,50 / 0,50€　=　fünfzig Cent
€10,95 / 10,95€　=　zehn Euro fünfundneunzig　　　　👉 真ん中に Euro を入れて読みます。

• カフェにて ▶ Im Café

Dialog ② お腹すいていない？ / Hast du keinen Hunger?

Hast du keinen Hunger?

Und hast du keinen Durst?

Nein, ich habe keinen Hunger.

否定冠詞4格（～を）
keinen ＋男性名詞
keine ＋女性名詞
kein ＋中性名詞

Doch, ich habe Durst.

Aufgabe 2 隣の人に、お腹がすいていないか、のどが渇いていないか聞いてみよう。
Fragen Sie sich gegenseitig.

neunundzwanzig | 29

Dialog ③ ご注文は？ / Was bekommen Sie?

- Bitte, was bekommen Sie?
- Ich nehme einen Apfelkuchen mit Sahne und einen Kaffee.
- Mit Zucker oder Milch?
- Mit Zucker, bitte, und ohne Milch.
- Und Sie?
- Ich möchte eine Currywurst und ein Mineralwasser.
- Jawohl. Kommt sofort.

mit …とともに、…入りの（前置詞）
ohne …なしの、…ぬきの（前置詞）

Aufgabe 3 客になってウエーターに注文してみよう。Spielen Sie Dialoge.

A： Ich nehme einen / eine / ein ＿＿＿＿＿＿＿＿ .
B： Mit ＿＿＿＿＿＿ oder ohne ＿＿＿＿＿＿ ?
A： Mit / Ohne ＿＿＿＿＿＿ , bitte.

①   ②   ③   ④

r Kaffee　　　　*e* Bratwurst　　　*s* Mineralwasser　　Pommes frites(*pl.*)
Milch　　　　　Senf　　　　　　Kohlensäure*　　　　Ketchup

＊ Kohlensäure　炭酸

Dialog ④ お勘定お願いします / Zahlen bitte!

- Zahlen bitte!
- Zusammen oder getrennt?

（パターン1）
Zusammen bitte.

（パターン2）
Getrennt bitte.

Lektion 4

お勘定のしかた

（パターン1）	（パターン2）
Thomas: Zahlen bitte!	Ayaka: Zahlen bitte!
Kellner: Zusammen oder getrennt?	Kellner: Zusammen oder getrennt?
Thomas: Zusammen bitte.	Ayaka: Getrennt bitte. Ich bezahle den Apfelkuchen und den Kaffee.
Kellner: Gut. Ein Apfelkuchen mit Sahne, ein Kaffee, eine Currywurst und ein Mineralwasser. Das macht zusammen ☐ Euro.	Kellner: Das macht ☐ Euro.
	Ayaka: (nimmt einen 10-Euro-Schein) ☐ Euro, bitte.
Thomas: ☐ Euro, bitte. Stimmt so*.	Kellner: Danke schön! ☐ Euro zurück.
Kellner: Danke schön! Schönen Tag noch!	Thomas: Und ich bezahle die Currywurst und das Mineralwasser.
*Stimmt so.　おつりは結構です。	Kellner: Das macht ☐ Euro.
	Thomas: ☐ Euro. Stimmt so.
	Kellner: Danke schön! Schönen Tag noch!

Hören：聞きとり

上の会話で聞こえた数字を☐に書き入れてみましょう。Hören Sie und notieren Sie die Zahlen.

Aufgabe 4　お勘定をしてみよう。Üben Sie das Bezahlen!

A: Zahlen bitte! Ich bezahle den / die / das _____ und den / die / das _____.
B: Das macht _____ Euro.
A: _____ Euro, bitte. Stimmt so.
B: Danke schön!

① *r* Käsekuchen (3,00 Euro)　　　*r* Kaffee (2,50 Euro)
② *e* Currywurst (2,60 Euro)　　　*s* Mineralwasser (2,00 Euro)
③ *s* Eis (3,60 Euro)　　　　　　　*e* Cola (2,60 Euro)
④ Spagetti (*pl.*) (10,70 Euro)　　*e* Limonade (2,60 Euro)

Phonetik：ドイツ語らしく話す

●子音（2）

s 　① [s] 　Gast, Glas　　ß、ssはいつも [s] heißen, Wasser
　　② [z] 　次に母音が来る場合。Sonne, Rose, sehr
spのs 　[ʃ] 　spielen, Spaß, versprechen
stのs 　[ʃ] 　studieren, Stadt, bestellen

Lesen：ドイツ語を読む

次の文を読んで、後の問いに答えましょう。Lesen Sie den Text und beantworten Sie die Fragen.

> Frau Renate Weber plant eine Party. Sie kocht Gulaschsuppe* und macht Kartoffelsalat. Jetzt ist sie im Ökoladen**. Sie denkt: Was kaufst du, Renate? Erst brauche ich Kartoffeln. Ich nehme ein Kilo Kartoffeln. Hast du noch Zwiebeln? Ja, ich habe noch drei Zwiebeln zu Hause. Aber das ist nicht genug. Ich kaufe ein Kilo Zwiebeln. Die Tomaten sind frisch. Ich nehme zwei. Knoblauch und Paprika*** habe ich noch zu Hause. Eier sind heute sehr billig! Also kaufe ich zehn Eier. Du brauchst Fleisch für die Gulaschsuppe. Ich nehme ein Kilo Rindfleisch. Hast du jetzt alles? Ach nein, ich brauche noch eine Flasche Rotwein. OK, jetzt zur Kasse!

Fragen

① Was kauft Frau Weber?
② Was hat Frau Weber noch zu Hause?

* e Gulaschsuppe グーラシュスープ
　（ハンガリー風のパプリカ入り肉シチュー）
** r Ökoladen 自然食料品店
*** r Paprika パプリカ（香辛料）

Aktivität：やってみよう

下のメニュー（Speisekarte）を用いて、レストランでの店員（Kellner/-in）と客（Gast）のロールプレイをしてみましょう。Spielen Sie Dialoge mit der Speisekarte unten.

～ *Speisekarte* ～

Tagesmenü	10,50 €	Käsekuchen		3,00 €
Gulaschsuppe mit Brot	5,50 €	Sachertorte		3,80 €
Zwiebelsuppe	4,00 €	Erdbeereis		2,70 €
Tomatensalat (klein)	4,40 €	Eiskaffee		3,80 €
		Sahne		0,50 €
Currywurst mit Pommes frites	5,50 €			
Bratwurst mit Pommes frites	5,00 €	Bier	0,5 ℓ	3,00 €
Schweinebraten mit Gemüse	12,60 €	Glas Rotwein, Weißwein		3,50 €
Wiener Schnitzel mit Kartoffelsalat	11,30 €	Cola, Fanta	0,2 ℓ	2,60 €
Matjesfilets mit Sahne	8,90 €	Apfelsaft, Orangensaft	0,2 ℓ	2,60 €
		Mineralwasser		2,00 €
		Tasse Kaffee		2,50 €
		Kanne Tee		3,00 €

Grammatik

Lektion 4

1 haben, möchte の人称変化

		haben (英 have)	möchte (英 would like)
1人称単数	ich	habe	möchte**
2人称(親称)単数	du	habst*	möchtest
3人称単数	er / sie / es	habt*	möchte**
1人称複数	wir	haben	möchten
2人称(親称)複数	ihr	habt	möchtet
3人称複数	sie	haben	möchten
2人称(敬称)単数／複数	Sie	haben	möchten

- haben は、2人称(親称)・3人称単数 (du, er / sie / es) で語幹の b が消えます（表*）。
- möchte は、1人称・3人称単数 (ich, er / sie / es) で語尾を付けません（表**）。

2 冠詞類の4格

	男性名詞		女性名詞	中性名詞	複数形
	1格(〜が/〜は)	4格(〜を)	1・4格	1・4格	1・4格
定冠詞	der Tisch	den Tisch	die Uhr	das Buch	die Bücher
不定冠詞	ein Tisch	einen Tisch	eine Uhr	ein Buch	Bücher
否定冠詞	kein Tisch	keinen Tisch	keine Uhr	kein Buch	keine Bücher

- 主語や補語になる形（1格）と直接目的語になる形（4格）の区別があります。
- 男性名詞は1格と4格が別の形、他の女性名詞・中性名詞・複数形は同形です。

3 否定疑問文

- 否定疑問文の返事は ja/nein ではなく、doch/nein を使います。

　　Bist du keine Deutsche?　ドイツ人（女性）ではないのですか？
　　— Doch, ich bin Deutsche.　いいえ、私はドイツ人です。
　　— Nein, ich bin keine Deutsche.　はい、私はドイツ人ではありません。

ミニ・ランデスクンデ

　ドイツの食べ物と言えば、ビールとソーセージといったイメージがありますが、最近のドイツでは健康志向の人が増えています。いわゆるバイオ食料品店（Ökoladen, Bio-Supermarkt）は急速に店舗を増やし、レストランや Kantine（従業員用食堂）、Mensa（学食）などには必ずベジタリアン用のメニューがあります。さらには Vegan-Restaurant と呼ばれる、動物性食品を全く使わないレストランも見られます。

Lektion 5 Familie ～家族～

Lernziele 家族のことを紹介できる
Grammatik 所有冠詞・定冠詞類・人称代名詞の1格・4格

Hören Sie und sprechen Sie：聞いて発音してみよう

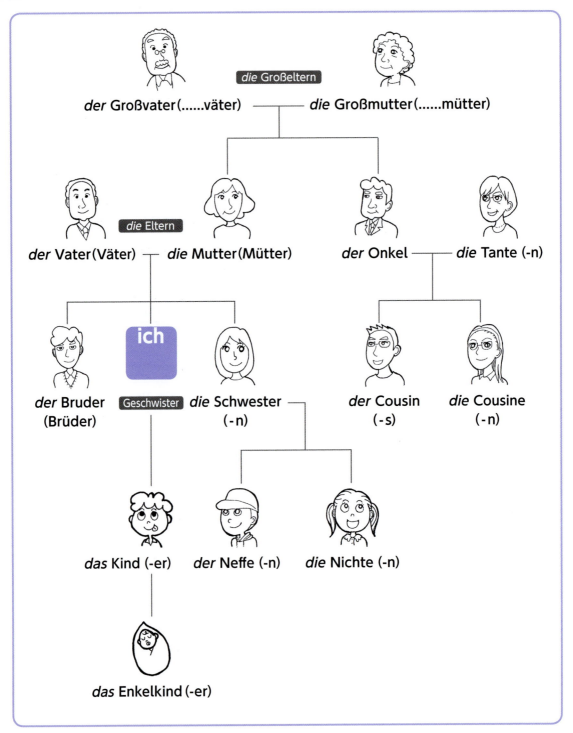

Lektion 5

• 家族写真 ▶ Ein Foto der Familie

Dialog ① これが私の家族です / Das ist meine Familie.

du で

Guck mal, das ist meine Familie.

Das ist meine Mutter.

Das sind meine Großeltern.

Wer ist das?

Und wer ist das?

所有冠詞 mein（私の）
1格
mein ＋男性・中性
meine＋女性・複数

Guck mal! ちょっと見て

Aufgabe 1 誰だか聞いてみよう。 Fragen Sie und beantworten Sie die Fragen.

① Vater ② Onkel ③ Cousine ④ Tanten

Dialog ② 兄弟姉妹はいますか？ / Haben Sie Geschwister?

Sie で

Haben Sie Geschwister?

Wie heißt Ihre Schwester?

Ja, ich habe eine Schwester.

Sie heißt Ayumi.

所有冠詞 Ihr（あなたの）
1格
Ihr ＋男性・中性
Ihre＋女性・複数

Aufgabe 2 隣の人に順番に、兄弟姉妹がいるかどうか、Sieで聞いてみよう。
　　　　　　Machen Sie eine Kettenübung.

（例）A : Haben Sie Geschwister?
　　　B : Ja, ich habe einen Bruder / eine Schwester . Er/Sie heißt ＿＿＿＿＿ .
　　　　　Und Sie? Haben Sie Geschwister?
　　　C : Nein, ich habe keine Geschwister. Ich bin ein Einzelkind*.
　　　　　Und Sie? Haben Sie Geschwister?
　　　D : Ja, ich habe viele Geschwister: zwei Brüder und zwei Schwestern. ……

☞*Einzelkind 一人っ子

funfunddreißig | 35

Dialog ③ 君のお父さんはどんな人？ / Wie findest du deinen Vater?

du で

Ist das dein Vater?

Wie findest du deinen Vater?

Ja, das ist mein Vater.

Ich finde ihn ein bisschen* streng.

人称代名詞　1格と4格
er ➡ ihn
sie（彼女）➡ sie
es ➡ es
sie（彼ら）➡ sie

所有冠詞 dein（君の）
4格
deinen ＋男性
deine　＋女性・複数
dein 　＋中性

ein bisschen　少し

Aufgabe 3 どんな人か聞いてみよう。Fragen Sie und beantworten Sie die Fragen.

A: Wie findest du deinen / deine ＿＿＿＿＿＿?
B: Ich finde ihn / sie (ein bisschen / sehr) ＿＿＿＿＿.

① Mutter
② Cousin
③ Freund
④ Kollegen

📚 人の特徴を表わす形容詞

| fleißig 勤勉な | höflich 礼儀正しい | freundlich 親切な | lustig 陽気な | nett 感じのよい |
| sympathisch 好感の持てる | | streng 厳しい | intelligent 頭のよい | |

Dialog ④ どのカメラを使っているの？ / Welche Kamera benutzt du?

du で

Welche Kamera benutzt du?

Welcher / dieser ＋男性
Welche　/ diese　＋女性・複数
Welches / dieses ＋中性

Ich benutze diese oft.

Aufgabe 4 どれを、どのくらい使っているか尋ねてみよう。Fragen Sie sich gegenseitig.

①
r Computer
immer

②
s Heft
meistens

③
e Uhr
manchmal

④
Handschuhe (*pl.*)
oft

Lektion 5

頻度を表わす副詞

```
0 ←——————————————————————————————→ 100
nie   selten   manchmal        oft        meistens        immer
```

Phonetik：ドイツ語らしく話す   CD 41

つづりと音の関係 Buchstabe und Laut — 母音の長短に注意して読みましょう。
後に続く子音が二つ以上なら短母音、一つなら長母音です（7ページ参照）。

● 母音 (2) ア オ ウ

ア　短母音 [a]　N<u>a</u>cht　- 長母音 [aː]　<u>A</u>bend
オ　短母音 [ɔ]　<u>o</u>ffen　- 長母音 [oː]　<u>O</u>fen
ウ　短母音 [ʊ]　M<u>u</u>tter　- 長母音 [uː]　Br<u>u</u>der

● 二重母音

二つの母音を続けて発音します。初めの母音を強く、二番目の母音を添えるように発音します。

アィ　ai / ei [aɪ]　　M<u>ai</u>,　m<u>ein</u>
アォ　au [aʊ]　　　　bl<u>au</u>,　B<u>au</u>m
オィ　eu / äu [ɔY]　　n<u>eu</u>,　B<u>äu</u>me

Hören：聞きとり   CD 42

2つの会話を聞いて、下の文の内容が合っていればrichtig、間違っていればfalschにチェックしましょう。

Gespräch 1
① Die Familie wohnt in Hamburg.　　　　　　　　☐ richtig　☐ falsch
② Lisa ist Lehrerin.　　　　　　　　　　　　　　☐ richtig　☐ falsch
③ Satoshi hat einen Bruder und eine Schwester.　　☐ richtig　☐ falsch

Gespräch 2
④ Frau Weber hat eine Schwester in München.　　☐ richtig　☐ falsch
⑤ Herr Meyer ist sechzig.　　　　　　　　　　　☐ richtig　☐ falsch
⑥ Herr Meyer hat viele Geschwister.　　　　　　 ☐ richtig　☐ falsch

siebenunddreißig | 37

Lesen：ドイツ語を読む

次の文を読んで、表を埋めてみましょう。Lesen Sie den Text und füllen Sie die Tabelle aus.

> Ich heiße Anna. Ich bin neunzehn Jahre alt und ein Einzelkind. Meine Familie wohnt in Düsseldorf. Meine Mutter heißt Stefanie. Sie ist Verkäuferin und siebenundvierzig Jahre alt. Mein Vater heißt Theodor. Er ist fünfzig und Bäcker von Beruf. Seine Schwester Ulrike ist Journalistin und achtundvierzig Jahre alt. Sie ist verheiratet* und hat ein Kind. Ihr Kind heißt Veronika. Sie ist zwölf und Schülerin. Walter ist ihr Vater. Er ist Lehrer und fünfundvierzig. Die Familie wohnt in Köln. Mein Großvater heißt Peter und meine Großmutter heißt Maria. Sie wohnen beide in München. Maria ist Hausfrau und arbeitet nicht. Sie ist zweiundsiebzig Jahre alt. Ihr Mann ist sechsundsiebzig und Arzt.
>
> *verheiratet 既婚の ⇔ ledig 未婚の

	Name	Alter	Beruf	Wohnort
ich	Anna	19	Studentin	
Mutter				
Vater				
Großmutter				
Großvater				
Tante				
Onkel				
Cousine				

Aktivität：やってみよう

次の家族について、ドイツ語で説明してみましょう。Erzählen Sie über diese Familie.

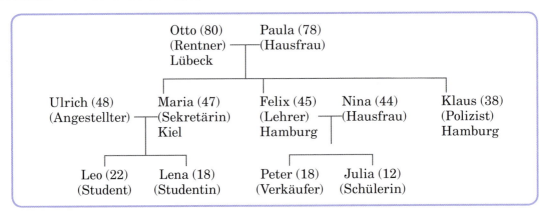

① Lena になって書いてみましょう。
② Felix になって書いてみましょう。

Grammatik

Lektion 5

1 定冠詞類（1格・4格）

	男性名詞		女性名詞	中性名詞	複数形
	1格（〜が／〜は）	4格（〜を）	1格・4格	1格・4格	1格・4格
定冠詞	der Tisch	den Tisch	die Uhr	das Buch	die Bücher
定冠詞類	dieser Tisch	diesen Tisch	diese Uhr	dieses Buch	diese Bücher

（定冠詞類）　dieser（この）、jeder（どの〜も）、solch（そのような）、welch（どの）、all（すべての）、manch（多くの）も同様に格変化します。

2 不定冠詞類（1格・4格）

	男性名詞		女性名詞	中性名詞	複数形
	1格（〜が／〜は）	4格（〜を）	1格・4格	1格・4格	1格・4格
不定冠詞	ein Tisch	einen Tisch	eine Uhr	ein Buch	Bücher
所有冠詞*	mein Tisch	meinen Tisch	meine Uhr	mein Buch	meine Bücher

（不定冠詞類）　否定冠詞（kein）、所有冠詞*も同様に格変化します。

[所有冠詞*]

ich	du	er	sie	es	wir	ihr	sie	Sie
mein 私の	dein 君の	sein 彼の	ihr 彼女の	sein それの	unser 私たちの	euer 君たちの	ihr 彼らの	Ihr あなた（方）の

3 人称代名詞の格変化（1格・4格）

	ich	du	er	sie	es	wir	ihr	sie	Sie
1格（〜が／〜は）	私	君	彼	彼女	それ	私たち	君たち	彼ら	あなた（方）
4格（〜を）	mich	dich	ihn	sie	es	uns	euch	sie	Sie

> **ミニ・ランデスクンデ**
>
> 　ドイツの家族は、日本とは少し異なるかもしれません。子供のいる家族でも、両親が正式に結婚していない場合が多いからです。男女がそれぞれの子供を連れて来て一緒に住み、新しい大家族を作る、いわゆる „Patchworkfamilie" と呼ばれる家族も増えています。

Lektion 6 Lieblingssache 〜好きなこと〜

Lernziele 自分の好きなことを説明できる
Grammatik 語幹変化動詞、命令形

Hören Sie und sprechen Sie：聞いて発音してみよう　CD 44

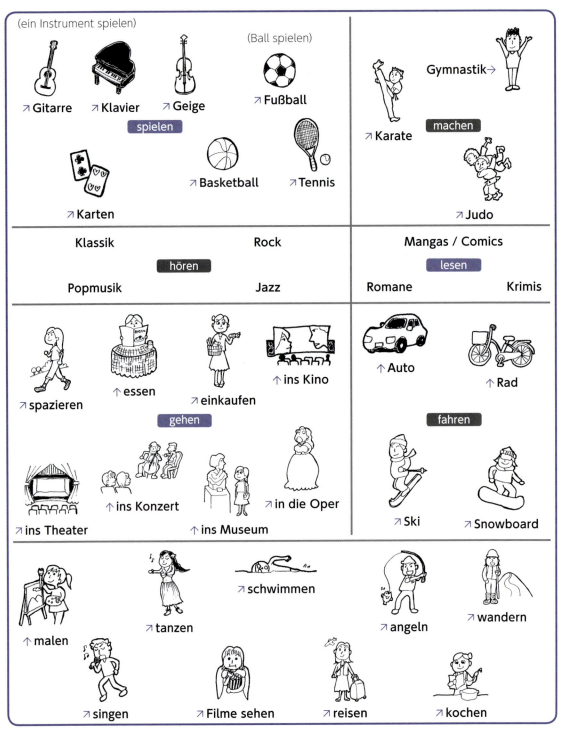

 Lektion 6

Dialog ① 私はピアノを弾くのが好きです / Ich spiele gern Klavier. CD 45

du で

Was ist dein Hobby?

Mein Hobby ist Fußball spielen.
Was machst du gern?

Ich spiele gern Klavier.

Aufgabe 1 クラスの人に趣味は何か聞いてみよう。左ページの表現を使ってください。

Fragen Sie in der Klasse nach den Hobbys! Benutzen Sie die Vokabeln auf Seite 40.

A: Was ist dein Hobby? / Was machst du gern?
B: Mein Hobby ist ＿＿＿＿＿ . / Ich ＿＿＿＿＿ gern ＿＿＿＿＿ .

Name	ich				
Hobby					

Dialog ② スケートの方が好きです / Ich fahre lieber Schlittschuh. CD 45

du で

Ich fahre gern Ski.
Fährst du auch gern Ski?

（パターン1）
Ja, ich fahre gern Ski.

fahren 乗り物で行く
ich fahre
du fährst
er/sie/es fährt

（パターン2）
Nein, ich fahre nicht gern Ski.
Ich fahre lieber Schlittschuh.

Aufgabe 2 自分の好きな乗り物を言い、相手も好きかどうか聞いてみよう。

Fragen Sie sich gegenseitig, womit Sie gern fahren.

①
Rad

②
Snowboard

③
Ski

④
Kickboard

einundvierzig | 41

• 学食にて ▶ In der Mensa

Dialog ③ どんな食べ物が好き？ / Was isst du gern?

Ich esse gern Schokolade.
Isst du auch gern Schokolade?

Ja, ich esse auch gern Schokolade.

essen 食べる
ich esse
du isst
er/sie/es isst

Ich trinke gern Tee.
Trinkst du auch gern Tee?

Nein, ich trinke lieber Kaffee.

Aufgabe 3 隣の人に自分の好きな食べ物や飲み物を言い、相手も好きかどうか聞いてみよう。
Fragen Sie Ihren Partner/Ihre Partnerin nach ihrem Lieblingsessen und -getränken!

(essen)

　r Fisch　　s Fleisch　　s Gemüse　　s Obst　　r Kuchen　　s Eis

(trinken)

　r Kaffee　　r Tee　　r Apfelsaft　r Orangensaft　e Cola　　e Milch

Dialog ④ 何を読むのが好き？ / Was liest du gern?

Was liest du gern?

Ich lese gern Romane.

Und was siehst du gern?

Ich sehe gern Fußballspiele.

lesen 読む
ich lese
du liest
er/sie/es liest

sehen 見る
ich sehe
du siehst
er/sie/es sieht

Aufgabe 4 何をするのが好きか尋ねてみよう。Fragen Sie sich gegenseitig.
① japanisch essen　　② Deutsch sprechen
③ Baseballspiele sehen　　④ Zeitungen lesen

Lektion 6

📕 命令形（45ページ参照）

命令形は相手がdu（君）、ihr（君たち）、Sie（あなた/あなた方）によって3つの形があります。duとihrに対する命令文では主語は省略しますが、Sieに対しては主語Sieがつきます。
e→i(e)タイプの語幹変化動詞は、duに対する命令形でもe→i(e)となり、語尾-eはつきません。

Name	duに対して (語幹＋[e])	ihrに対して (語幹＋[e]t)	Sieに対して (語幹＋en Sie)
kommen	Komm(e) her!	Kommt her!	Kommen Sie her!
sprechen	Sprich langsam!	Sprecht langsam!	Sprechen Sie langsam!
lesen	Lies laut!	Lest laut!	Lesen Sie laut!
sein	Sei ruhig!	Seid ruhig!	Seien Sie ruhig!

Aufgabe 5 次の不定詞句を、du、ihr、Sieの3とおりの命令形にしてみよう。
① Musik hören　② Ski fahren　③ mehr Gemüse essen　④ ein Glas nehmen

Phonetik：ドイツ語らしく話す CD 47

●子音（3）
f/v [f]　上の前歯と下唇の狭いすき間から息を出して発音します。日本語の「フ」は、両唇の間から、ろうそくの火を吹き消すように出す音で、[f] ではありません。　fünf, vier

語末の音　発音してみましょう。
auf [f]　-　aus [s]　-　auch [x]
hoch [x]　-　Haus [s]　-　Hochhaus

Hören：聞きとり　　CD 48

タカユキ、マユミ、モニカの情報を聞き取り、空欄を埋めましょう。
Hören Sie und ergänzen Sie die Informationen.

Takayuki　Alter: 30　Hobbys: sehr gern _____ und lieber _____
　　　　　trinkt gern _____ und _____

Mayumi　Alter: _____　Hobbys: gern Snowboard und lieber _____
　　　　liest gern _____ und sieht gern _____

Monika　liebt _____ spielt _____ und _____
　　　　isst _____ lieber als _____

Lesen：ドイツ語を読む

次の文を読んで、後の問いに答えましょう。
Lesen Sie den Text und beantworten Sie die Fragen.

> Der Bruder von* Thomas heißt Tobias. Tobias ist zwölf Jahre alt und mag** Hunde. Er hat einen Hund und der Hund heißt Belo. Mit Belo spielt Tobias gern und geht oft spazieren. Thomas, Tobias und Belo spielen manchmal zusammen Fußball. Tobias spielt zwar*** gern Fußball, aber er macht nicht gern Hausaufgaben. Er spielt lieber Computerspiele. Und er liest gern Comics. Thomas mag Schokolade. Tobias mag auch Schokolade. Er isst zwar gern Obst, aber nicht gern Gemüse. Seine Eltern sagen immer, „Tobias, iss mehr Gemüse!" Er isst lieber Würste, besonders Bratwurst. Und sein Hund frisst gern Würstchen und Hähnchen.
>
> * von …の（所有を表す前置詞）
> ** mag < mögen ～を好む
>   ich mag du magst er/sie/es mag
> *** zwar ～, aber… ～だがしかし…

Fragen

① Wer ist Tobias? _____
② Was isst Tobias gern? _____
③ Was frisst der Hund gern? _____
④ Was macht Tobias nicht gern? _____
⑤ Was für* ein Buch liest Tobias gern? _____

* was für… どんな（種類の）…

Aktivität：やってみよう

好きなもの (sehr gern, gern) と嫌いなもの (nicht so gern, nicht gern) を挙げてみましょう。
Schreiben Sie, was Sie gern und nicht gern machen.

（例）Ich spiele sehr gern Computerspiele. Ich mache nicht gern Hausaufgaben. Ich mag Katzen. Ich mag keine Hunde.

Grammatik

Lektion 6

1 不規則動詞の現在人称変化

不定詞	a→ä型 fahren (乗り物で)行く	e→i型 sprechen 話す	e→ie型 sehen 見る	特殊型 nehmen 取る	werden (〜に)なる
ich	fahre	spreche	sehe	nehme	werde
du	fährst	sprichst	siehst	nimmst	wirst
er/sie/es	fährt	spricht	sieht	nimmt	wird
wir	fahren	sprechen	sehen	nehmen	werden
ihr	fahrt	sprecht	seht	nehmt	werdet
sie / Sie	fahren	sprechen	sehen	nehmen	werden

- duとer/sie/esで語幹の母音が変化する動詞があります。語幹の母音aがäになるタイプと、語幹の母音eがi(e)になるタイプがあります。人称変化語尾は変わりません。
- duとer/sie/esで母音だけでなく子音のスペルも変わる動詞もあります。

2 命令形

		kommen	fahren	sprechen	sein
duに対して	語幹 (+e)	Komm(e)!	Fahr(e)!	Sprich!*	Sei ... !
ihrに対して	語幹+(e)t	Kommt!	Fahrt!	Sprecht!	Seid ... !
Sieに対して	語幹+en Sie〜!	Kommen Sie!	Fahren Sie!	Sprechen Sie!	Seien Sie ... !

- 命令形は、話し相手（2人称）に対して使います。ドイツ語の2人称は親称（du, ihr）と敬称（Sie）の区別があるので、それぞれ異なる形を使います。
- duで語幹の母音eがi(e)になる動詞は、duに対する命令形でも同様に変化します(表*)。
- ihrに対する命令形は、現在人称変化と同形になります。
- Sieに対する命令形は、主語のSieを入れ、疑問文と同じ語順になります。
- 否定の命令の場合、英語のdon'tのようにnichtで始めないようにしましょう。

　　○ Kommen Sie nicht!　　× Nicht kommen Sie!

 ミニ・ランデスクンデ

　サッカーはドイツの国民的スポーツです。ブンデスリーガは1部、2部、さらに3部リーグまであり、幅広い年代のサポーターが地元のクラブに熱い声援を送っています。シーズンは8月上旬から、途中12月中旬〜1月下旬にかけての中断をはさみ、翌年5月まで続きます。チケットは各クラブのオフィシャルサイトから、また、市内のチケットセンターやファンショップ、スタジアムで入手できます。日本のサッカーはドイツの影響を強く受けており、現在Bundesligaで活躍する日本人選手も増えているので、是非応援しましょう。

Lektion 7: Kleidung und Mode ～ファッション～

Lernziele 衣類や身の回り品について述べることができる
Grammatik 3格、3格支配の前置詞

Hören Sie und sprechen Sie：聞いて発音してみよう

 der Anzug (Anzüge)
 der Gürtel (-)
 der Hut (Hüte)
 der Mantel (Mäntel)

 der Pullover (-)
 der Ring (-e)
 der Rock (Röcke)
 der Schal (-s / -e)

 die Bluse (-n)
 die Halskette (-n)
 die Hose (-n)
 die Jacke (-n)

 die Jeans (-)
 die Krawatte (-n)

 das T-Shirt (-s)
 das Kostüm (-e)
 das Kleid (-er)
 das Hemd (-en)

 die Handschuhe (*pl.*)
die Socken (*pl.*)
 die Sandalen (*pl.*)
die Ohrringe (*pl.*)
 die Schuhe (*pl.*)

die Farben

weiß　schwarz　rot　gelb　grün　blau　grau　braun

Lektion 7

• 買い物にて ▶ Beim Einkaufen

Dialog ① お父さんの誕生日に何を買うの？／ Was kaufst du deinem Vater zum Geburtstag?

CD 51

du で

Was kaufst du deinem Vater zum Geburtstag?

Ich kaufe ihm eine Krawatte.

Die Verkäuferin dort hilft dir.

人称代名詞 3格 (〜に)
ich ➡ mir   du ➡ dir
er ➡ ihm   sie ➡ ihr
es ➡ ihm   Sie ➡ Ihnen

所有冠詞 dein 3格
deinem ＋男性・中性名詞
deiner ＋女性名詞
deinen ＋複数形

Aufgabe 1 隣の人と会話をしてみよう。Spielen Sie Dialoge!

A: Was kaufst du deinem / deiner _____ zum Geburtstag?
B: Ich kaufe ihm / ihr   einen / eine / ein _____ .

① Bruder   ② Schwester   ③ Freund   ④ Freundin
  s Hemd   r Schal   e CD   Handschuhe (pl.)

Dialog ② この上着は誰のですか？／ Wem gehört diese Jacke?

CD 51

Sie で

Wem gehört diese Jacke?

Sie gehört mir.

Gehört dieser Hut auch Ihnen?

Nein, er gehört meiner Schwester.

疑問代名詞の格変化
1格 wer   was
2格 wessen —
3格 wem   was
4格 wen   was

Aufgabe 2 隣の人と会話をしてみよう。Spielen Sie Dialoge!

A: Wem gehört dieser / diese / dieses ____ ? //(複数の場合) Wem gehören diese ____ ?
B: Er / Sie / Es gehört _____ . // Sie gehören _____ .

① r Mantel   ② e Brille   ③ s Haus   ④ Bücher (pl.)
  mein Vater   ihre Großmutter   meine Eltern   sein Lehrer

siebenundvierzig | 47

Dialog ③ 青いスカートが気に入っているの / Der Rock in Blau gefällt mir.

du で

Welcher Rock gefällt dir?

Der Rock in Blau gefällt mir.

Aufgabe 3 隣の人に「どの〜が気に入っているか」と尋ね、色で答えてみよう。Spielen Sie Dialoge!

① *r* Hut　　　　Schwarz　　　　② *s* T-Shirt　　　　Weiß

③ *e* Krawatte　　Rot　　　　　　④ Ohrringe (*pl.*)　　Gelb

Dialog ④ バスで行きます / Ich fahre mit dem Bus.

Sie で

Wohin fahren Sie jetzt?

Ich fahre jetzt zur Uni.

womit = mit + was

Womit fahren Sie?

Ich fahre mit dem Bus.

3格支配の前置詞
zu(〜へ)、mit(〜で)
zu, mit ＋ dem ＋ 男性・中性名詞
zu, mit ＋ der　＋ 女性名詞
zu, mit ＋ den　＋ 複数形

Aufgabe 4 隣の人と du で会話をしてみよう。Spielen Sie Dialoge!

A: Wohin fährst du jetzt?
B: Ich fahre jetzt zum / zur / zu den ＿＿＿＿＿．
A: Und womit fährst du?
B: Ich fahre mit dem / der / den ＿＿＿＿＿．

zu + dem → zum
zu + der → zur

① *r* Supermarkt　　*s* Fahrrad　　② *e* Post　　　　*r* Bus
③ *s* Theater　　　*e* Bahn　　　 ④ Museen (*pl.*)　 *s* Taxi

Lektion 7

Phonetik：ドイツ語らしく話す

CD 53

● 文法から見たウムラウト

ウムラウトの発音練習をしましょう。どのような単語にウムラウトが用いられるか、予め知っておくと便利です。発音してみましょう。

1）もともとウムラウトを含む語彙。
　（例）schön, hören, üben, Ärger
2）文法規則によってウムラウトに変化したもの。
　①複数形
　　a - ä, o - ö, u - ü：Hand 手 – Hände, Wort 単語 – Wörter, Stuhl 椅子 – Stühle
　　au - äu（二重母音）：Baum 木 – Bäume
　②造語と派生語
　　・女性形（-in が付いて）：Arzt 医者 – Ärztin 女医, Franzose フランス人（男）– Französin（女）
　　・人を表す（-er が付いて）：Schule 学校 – Schüler 生徒, verkaufen 売る – Verkäufer 店員
　　・副詞（-lich が付いて）：Natur 自然 – natürlich もちろん, Punkt 点 – pünktlich 時間通りに
　　・縮小形（-chen あるいは -lein が付いて）：Brot パン – Brötchen 小型のパン, Buch 本 – Büchlein 小冊子
　③動詞の人称変化
　　・2人称単数親称（du）と3人称単数（er, sie, es）で
　　　schlafen 寝る － du schläfst, er/sie/es schläft

その他、話法の助動詞（Lektion 9参照）や、形容詞の比較級・最上級（Lektion 12参照）でもウムラウトが使われています。

Hören：聞きとり

CD 54

次の二つの会話を聞いて、それぞれプレゼントをするものを絵の中から選び、番号で答えましょう。
Hören Sie die Gespräche und wählen Sie das dazu passende Geschenk aus.

Gespräch 1　①　　　　②　　　　③

Gespräch 2　①　　　　②　　　　③

neunundvierzig | 49

Lesen：ドイツ語を読む

次の文を読んで、以下の文が正しいか間違っているか答えましょう。
Richtig oder falsch? Kreuzen Sie an!

> Lisa geht einkaufen. Ihr Bruder Max gibt morgen seine Geburtstagsparty. Sie kauft ihm ein Geschenk. Sie sucht einen Schal. Welcher Schal passt zu ihm? Seine Jacke ist braun und gefällt ihm sehr. Dieser Schal hier ist dunkelblau und steht ihm vielleicht nicht. Die Verkäuferin hilft ihr und zeigt ihr den Schal dort. Der Schal ist hellgrau und sehr schick. Aber Max mag nicht Grau. Gibt es einen Schal in Weiß? Die Verkäuferin zeigt ihr einen anderen Schal. Der Schal ist weiß, schön und warm. Lisa nimmt ihn. Wie findet Max wohl den Schal?

Fragen

① Lisa hat morgen Geburtstag. ☐ richtig ☐ falsch
② Lisa schenkt Max eine Jacke zum Geburtstag. ☐ richtig ☐ falsch
③ Die Jacke von Max ist braun. ☐ richtig ☐ falsch
④ Der Schal in Dunkelblau steht Max vielleicht gut. ☐ richtig ☐ falsch
⑤ Der Schal in Weiß ist sehr schick. ☐ richtig ☐ falsch

Aktivität：やってみよう

次の語を以下の空欄に埋めて、作文しましょう。Textkomposition.

Mayumi kauft eine neue Tasche. Ihre Lieblingsfarbe (1), aber sie mag (2). (3) nach Harajuku. In einer Boutique (4) eine Tasche (5). Aber sie ist (6). Schade! In einem anderen Geschäft (7) nicht so teuer. Ach, diese Tasche ist (8) und pink! Jetzt ist Mayumi froh. (9) eine neue Tasche!

> (a) zu teuer (b) sehr hübsch (c) in Schwarz
> (d) Sie fährt (e) sind die Taschen (f) ist schwarz
> (g) sieht sie (h) auch pink (j) Sie hat

Grammatik

Lektion 7

1 定冠詞 (類) の格変化

☛ 2格については、「文法補足②」(p.83) を参照のこと

	男性名詞 m.	女性名詞 f.	中性名詞 n.	複数形 pl.
1格(主語)「～が／～は」	der Mann	die Frau	das Kind	die Leute
2格(所有格)「～の」	des Mannes	der Frau	des Kindes	der Leute
3格(間接目的語)「～に」	dem Mann	der Frau	dem Kind	den Leuten
4格(直接目的語)「～を」	den Mann	die Frau	das Kind	die Leute

・定冠詞類（dieser, jeder, solch, welch, all, manch）も同様に格変化します。
・複数3格には、-n, -s で終わる複数形以外には、語尾 -n が付きます。

2 不定冠詞 (類) の格変化

	男性名詞 m.	女性名詞 f.	中性名詞 n.	複数形 pl.
1格「～が／～は」	ein△ Mann	eine Frau	ein△ Kind	(keine) Leute
2格「～の」	eines Mannes	einer Frau	eines Kindes	(keiner) Leute
3格「～に」	einem Mann	einer Frau	einem Kind	(keinen) Leuten
4格「～を」	einen Mann	eine Frau	ein△ Kind	(keine) Leute

・不定冠詞類（否定冠詞 kein、所有冠詞）も同様に格変化します。
・男性1格と中性1格・4格だけに語尾が付かない以外は、定冠詞の変化語尾に準じます。

3 人称代名詞の格変化

	ich 私	du 君	er 彼	sie 彼女	es それ	wir 私たち	ihr 君たち	sie 彼ら	Sie あなた(方)
1格「～が／～は」	ich	du	er	sie	es	wir	ihr	sie	Sie
3格「～に」	mir	dir	ihm	ihr	ihm	uns	euch	ihnen	Ihnen
4格「～を」	mich	dich	ihn	sie	es	uns	euch	sie	Sie

・3格と4格の語順に注意しましょう。

　　Ich kaufe meinem Bruder einen Schal. （両方とも名詞の場合は、3格＋4格の語順）
　　Ich kaufe ihm einen Schal. / Ich kaufe ihn meinem Bruder. （代名詞＋名詞）
　　Ich kaufe ihn ihm. （両方とも人称代名詞の場合は、4格＋3格の語順）

4 3格支配の前置詞

aus	～の中から	英 from, out of	aus Japan, aus dem Zimmer
bei	～の側に、～のところに	英 by, at	bei der Großmutter
mit	～と一緒に、～で	英 with, by	mit den Kindern, mit dem Auto
nach	～の後で、～へ	英 after, to	nach dem Essen, nach Berlin
seit	～(前)から	英 since	seit einem Jahr
von	～の、～から	英 of, from	der Bruder von Thomas, von der Schule
zu	～のところへ	英 to	zu meinen Eltern

einundfünfzig

Lektion 8 In der Stadt ～街にて～

Lernziele 位置関係を述べることができる、道案内ができる
Grammatik 4格支配の前置詞、3・4格支配の前置詞、複合動詞、時刻の表現

Hören Sie und sprechen Sie：聞いて発音してみよう CD 56

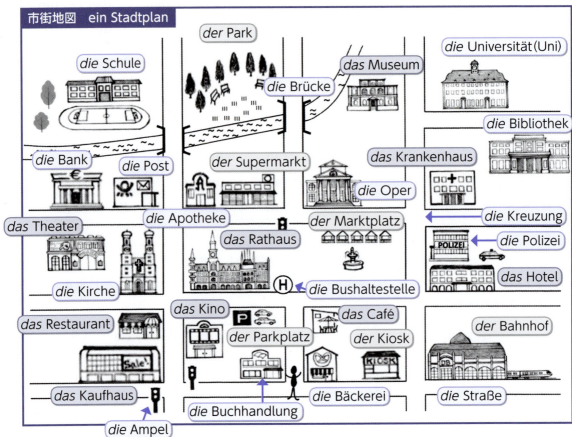

Hören Sie und ergänzen Sie: „Wo ist die Maus?" — „Die Maus ist ..." CD 57

an	dem Schrank
auf	dem Schrank
hinter	dem Schrank
in	dem Schrank
neben	dem Schrank
unter	dem Schrank
vor	dem Schrank
zwischen	dem Schrank und der Kommode
über	dem Schrank

52 | zweiundfünfzig

Lektion 8

• デパートにて ▸ Im Kaufhaus

Dialog ① デパートまでどう行くのですか？ / Wie kommt man zum Kaufhaus? CD 58

Entschuldigung, wie kommt man* zum Kaufhaus?

Es ist nicht so weit.
Gehen Sie hier geradeaus!
An der Kreuzung nach rechts.
Es ist neben der Post.

Und wie lange braucht man zum Kaufhaus?

Etwa 10 Minuten.

manは一般的な「ひと」を指す単語で、普通訳しません。(der Mannと混同しないこと！)

geradeaus
links ←→ rechts

Aufgabe 1 左ページの地図を見ながらお互いに道を尋ね、答えてみよう。
　　　　　Sehen Sie den Lageplan auf Seite 52. Fragen Sie und antworten Sie gegenseitig!
A: Entschuldigung, wie kommt man zum / zur ＿＿＿＿＿？
B: Gehen Sie hier geradeaus / rechts / links ！ An dem / der ＿＿＿ nach rechts / links .
　 Er / Sie / Es ist neben / vor / hinter / zwischen dem / der ＿＿＿＿＿．

① s Café　　② e Post
③ r Park　　④ e Universität

an der Kreuzung　交差点を
an der ersten/zweiten/dritten Kreuzung
最初の／2番目の／3番目の交差点を
（序数については Lektion12 参照）

Dialog ② デパートへ行きます / Ich gehe ins Kaufhaus. CD 58

du で
Wohin gehst du jetzt?

Ich gehe ins Kaufhaus.
Im Kaufhaus kaufe ich Schuhe.

Aufgabe 2 例にならって隣の人と会話をしてみよう。Spielen Sie Dialoge wie im Beispiel!
(例) A: Wohin gehst du jetzt?
　　 B: Ich gehe ins Kaufhaus. Im Kaufhaus kaufe ich Schuhe.

① (in) s Restaurant　　　zu Abend essen
② (in) e Bäckerei　　　　Brötchen kaufen
③ (auf) r Bahnhof　　　　Fahrkarten holen
④ (auf) e Post　　　　　 ein Paket schicken

in / auf ＋ 3格　場所
in / auf ＋ 4格　方向

☛ auf は公共の場所、in は中に入れる場所に使います。

dreiundfünfzig | 53

Dialog ③ 靴売り場はどこですか？ / Wo gibt es Schuhe?

Entschuldigung, wo gibt es hier Schuhe?

es gibt ＋ 4 格　〜がある

Sie sind im Erdgeschoss, hinter den Taschen.

Aufgabe 3 配置図を見て、どこにあるか尋ねてみよう。
Wo sind die Gegenstände? Fragen Sie und antworten Sie!

(例) A : Entschuldigung, wo gibt es Bier?　　B : Es ist vor dem Wein.

① *r* Saft
② *e* Butter
③ *s* Shampoo
④ Papiertaschentücher (*pl.*)
　　(*e* Seife と *s* Toilettenpapier の間)

Dialog ④ 何時に起きるの？ / Wann stehst du auf?

du で

Wann stehst du auf?

Ich stehe um halb sieben auf.

Und wann fährst du ab?

Ich fahre um Viertel vor acht ab.

Aufgabe 4 隣の人にいつするか聞いてみよう。Fragen Sie Ihren Partner / Ihre Partnerin!

① auf|stehen　　　　　② frühstücken
③ von zu Hause los|gehen　　④ nach Hause zurück|kommen
⑤ fern|sehen　　　　　⑥ Freunde an|rufen

Lektion 8

Uhrzeit：時刻の言い方　Wie spät ist es jetzt? Es ist ... .

	offiziell（公式＝24時間制）	informell（非公式）
8.00	acht Uhr	acht
9.15	neun Uhr fünfzehn	Viertel nach neun
10.25	zehn Uhr fünfundzwanzig	fünf vor halb elf
11.30	elf Uhr dreißig	halb zwölf
13.00	dreizehn Uhr	eins
13.35	dreizehn Uhr fünfunddreißig	fünf nach halb zwei
13.45	dreizehn Uhr fünfundvierzig	Viertel vor zwei
		drei Viertel zwei
14.00	vierzehn Uhr	zwei

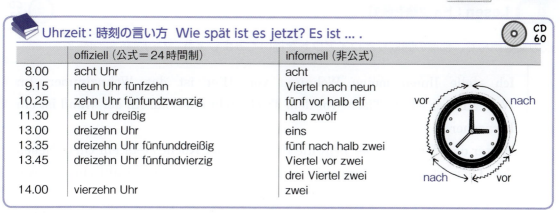

Aufgabe 5　時刻を尋ね、答えてみよう（公式・非公式）。Fragen Sie Ihren Partner / Ihre Partnerin!

① 9.30　　② 14.50　　③ 5.45　　④ 12.25

Phonetik：ドイツ語らしく話す

●文アクセント　　Satzakzent.

文は単語で区切って読むのではなく、発話のまとまりごとに読まれます。文末は急激に下げて読まれるのが普通で、それで文が終わったことがわかります。

Ich bezahle	den Apfelkuchen	und den Kaffee.
Ich kaufe	meinem Vater	eine Krawatte.
Entschuldigung,	wo gibt es hier	Schuhe?

Hören：聞きとり

A 私はどこにいるでしょう？　CDを聞いて当てはまる番号を書きましょう。Wo bin ich? Ordnen Sie zu.

(a) (　) 　　(b) (　) 　　(c) (　)

(d) (　) 　　(e) (　) 　　(f) (　)

B 何時に行うでしょう。時刻を聞き取って下さい。Notieren Sie die Uhrzeit.

① frühstücken (　.　)　　② Zeitung lesen (　.　)　　③ arbeiten (　.　)

④ einkaufen (　.　)　　⑤ fernsehen (　.　)　　⑥ spazieren gehen (　.　)

funfundfünfzig | **55**

Lesen：ドイツ語を読む

次の文を読んで、部屋の間取りとレイアウトを描いてみましょう。Zeichnen Sie das Zimmer.

> Ich stelle Ihnen meine Wohnung vor. Hier ist das Wohnzimmer. Im Wohnzimmer ist ein Tisch. Vor dem Tisch steht ein Sofa. An der Wand ist ein Fernseher.
>
> Hinter dem Wohnzimmer liegt die Küche. In der Küche steht ein Ofen. Neben dem Ofen ist eine Waschmaschine, und dann steht da ein Kühlschrank. Am Fenster sind ein Tisch und Stühle.
>
> Gegenüber* dem Wohnzimmer ist das Schlafzimmer. Im Schlafzimmer gibt es ein Bett. Neben dem Bett ist ein Schrank. Auf dem Bett schläft oft meine Katze.
>
> Neben dem Schlafzimmer liegt mein Arbeitszimmer. Hier stehen ein Schreibtisch und ein Bücherregal.
>
> Zwischen der Küche und dem Arbeitszimmer ist das Badezimmer.

* gegenüber ＋ 3格
…の向かい側に

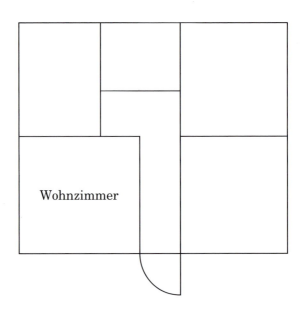

Aktivität：やってみよう

自分の部屋のレイアウトを説明してみましょう。Beschreiben Sie Ihr eigenes Zimmer.

(例) In meinem Zimmer gibt es einen Tisch. Neben dem Tisch steht ein Bücherregal. Im Bücherregal sind dreißig Bücher. …

Grammatik

Lektion 8

1 4格支配の前置詞

durch	～を通って	英through	durch den Park
fürえ	～のために	英for	für die Kinder
ohne	～なしに	英without	ohne Ihre Hilfe
um	～の周りに、～（時）に	英around	um das Haus, um neun Uhr

2 3・4格支配の前置詞

			＋3格（場所）	＋4格（方向）
an	～の際	英at	an der Wand	an die Wand
auf	～の上	英on	auf dem Tisch	auf den Tisch
hinter	～の後ろ	英behind	hinter dem Auto	hinter das Auto
in	～の中	英in, into	in der Stadt	in die Stadt
neben	～の横	英beside	neben dem Regal	neben das Regal
über	～の上方	英over, above	über dem Schrank	über den Schrank
unter	～の下	英under	unter dem Bett	unter das Bett
vor	～の前	英in front of, before	vor der Tür	vor die Tür
zwischen	～の間	英between, among	zwischen der Tür und dem Fenster	zwischen die Tür und das Fenster
動詞			liegen, stehen, sitzen, sein	legen, stellen, setzen, gehen, fahren

・前置詞と定冠詞の融合形

　　an dem ➡ am　　bei dem ➡ beim　　in dem ➡ im　　von dem ➡ vom　　zu dem ➡ zum
　　zu der ➡ zur　　an das ➡ ans　　in das ➡ ins

3 複合動詞

1) 分離動詞 = アクセントのある前つづり ＋ 基礎動詞

　アクセントのある前つづりは、通常の文では基礎動詞から分離して文末に置かれます。

　　auf stehen （英get up, stand up）　Ich stehe um 6 Uhr auf. 私は6時に起きます。

　　（疑問文・命令文）　Stehst du um 6 Uhr auf? / Steh(e) um 6 Uhr auf!

2) 非分離動詞 = アクセントのない前つづり ＋ 基礎動詞

　アクセントのない前つづりは分離しません。

　　verstehen（英understand）　Ich verstehe ihn.　私は彼を理解しています。
　　bekommen（英receive）　Bekommst du meine E-Mail?　メールを受け取りますか？

4 時刻の尋ね方

　　Wie viel Uhr ist es? / Wie spät ist es?　— Es ist 3 Uhr.　何時ですか？　— 3時です。
　　Um wie viel Uhr / Wann besuchst du ihn?　— Um 3.　何時に彼を訪問しますか？　— 3時に。

Lektion 9 Ferien 〜休暇〜

Lernziele 休暇について述べることができる
Grammatik 話法の助動詞、未来形、zu不定詞

Hören Sie und sprechen Sie：聞いて発音してみよう

einen Ausflug machen

in die Berge fahren

ans Meer fahren

Rad fahren

Ski fahren

Camping machen

wandern

tauchen

surfen

segeln

eine Schifffahrt machen

jobben

den Führerschein machen

die Eltern besuchen

ein Referat schreiben

ein Seminar besuchen

für die Prüfung lernen

・時を表す表現

im Frühling   im Sommer   im Herbst   im Winter

・月

im Januar   im Februar   im März   im April   im Mai   im Juni
im Juli   im August   im September   im Oktober   im November   im Dezember

・週

am Montag, am Dienstag, am Mittwoch, am Donnerstag, am Freitag, am Samstag, am Sonntag

Lektion 9

• 授業の後で ▶ Nach dem Unterricht

Dialog ① 休暇に何をするつもり？ / Was willst du in den Ferien machen? CD 65

du で

Was willst du in den Ferien* machen?

Ich will meine Eltern zu Hause besuchen.

* Ferien と Urlaub
Ferien は学校などの休暇で、複数扱いです。
Urlaub は会社等に勤める人の休暇を言います。

Aufgabe 1 隣の人に、休暇の予定を聞いてみよう。

Fragen Sie Ihren Partner / Ihre Partnerin, was er / sie in den Ferien macht.

① ein Praktikum machen　　② einen Sommerkurs besuchen
③ eine Reise in die Schweiz machen　　④ ein Referat schreiben

Dialog ② 英語を話せる？ / Kannst du Englisch sprechen? CD 65

du で

Kannst du Englisch sprechen?

Ja, ich kann sehr gut Englisch sprechen.

Klasse!

sehr gut　とても上手に　　ziemlich gut　かなり上手に
gut　上手に　　ein bisschen　ちょっと

Aufgabe 2 お互いに質問してみよう。 Fragen Sie sich gegenseitig!

① du, Französisch sprechen
② du, Ski laufen
③ dein Vater, Golf spielen
④ deine Mutter, Klavier spielen

neunundfünfzig | 59

Dialog ③ ドイツでは電車の中で電話してもいいのですか？ / Darf man in Deutschland im Zug telefonieren?

 Darf man in Deutschland im Zug telefonieren?

Ja, das ist kein Problem.

Aufgabe 3 お互いに質問してみよう。Fragen Sie sich gegenseitig!

（例）A : Darf man in Deutschland im Zug telefonieren?
　　　B : Ja, das ist kein Problem. / Nein, das darf man nicht.

① in Deutschland im Zug essen
② in Japan auf dem Fußweg rauchen
③ im Tempel fotografieren
④ bei der Prüfung ein Wörterbuch benutzen

📖 **違いに注意しましょう** （nicht dürfen と nicht müssen）
dürfen「〜してもよい（許可）」→ nicht dürfen「〜してはいけない（禁止）」
　　Hier darf man nicht parken.　ここに駐車してはいけません。
müssen「〜しなければいけない（義務）」→ nicht müssen「〜する必要はない（不必要）」
　　Sie müssen nicht früh kommen.　早く来る必要はありません。

Dialog ④ 週末は何をする予定なの？ / Was hast du am Wochenende vor?

du で

 Was hast du am Wochenende vor?

vor|haben ＋ zu 不定詞
〜する予定である

Ich habe vor, Fußball zu spielen.

Aufgabe 4 隣の人と会話をしてみよう。Spielen Sie Dialoge!
① einen Ausflug machen　　② ins Konzert gehen
③ Freunde anrufen　　　　④ im Kaufhaus einkaufen

Hören：聞きとり

Thomas、Anja、Herr Müllerの3人の休暇の予定を聞いて、合っていればrichtig、間違っていればfalschに印をつけましょう。Hören Sie das Gespräch und kreuzen Sie an.

Thomas	Anja	Herr Müller
im August ☐richtig ☐falsch	2 Monate jobben ☐richtig ☐falsch	im September ☐richtig ☐falsch
Reise nach Indien ☐richtig ☐falsch	am Flughafen ☐richtig ☐falsch	Reise nach Japan ☐richtig ☐falsch
schwimmen ☐richtig ☐falsch	nicht gern schwimmen ☐richtig ☐falsch	Freunde in Kyoto ☐richtig ☐falsch

Phonetik：ドイツ語らしく話す

子音の練習です。違いに注意してCDを聞き、発音してみましょう。Konsonanten

(A) 子音 r

① r (母音の前)	② -r (母音の後)	③ / r (語の区切れの後)	④ ＋r (他の子音と一緒に)
rufen	Kurs	auf/räumen	früh
Reise	vor	an/rufen	Praktikum
Referat	darf	Nach/richt	Freund
Ferien	dürfen	Unter/richt	sprechen

☛ ①、③、④では、のどひこを震わせるか（標準）、舌先を震わせます。②は母音化します。

(B) wとbとmの聞きわけと発音

w	b	m
Wein	Bein	mein
wir	Bier	mir
wann	Bann	Mann
West	best	messt

Lesen：ドイツ語を読む

ある博物館のインフォメーションを読んで、以下の文が正しいか間違っているか答えましょう。
Richtig oder falsch? Kreuzen Sie an!

> Öffnungszeiten: täglich 9 bis 17 Uhr
> Führungen: täglich 10, 13, 15 Uhr, kostenlos und ohne Anmeldung. Kommen Sie bitte direkt zum Treffpunkt.
> Essen und Trinken: nur im Café im Museumshop
> Sonstiges: Sie dürfen im Museum nur ohne Blitz und ohne Selfiesticks fotografieren.
> Es ist nicht möglich, Koffer ins Museum mitzunehmen. Sie dürfen nur mit kleinen Taschen durch die Ausstellungen gehen.

Fragen

① Sie können um 6 Uhr das Museum besuchen. ☐ richtig ☐ falsch
② Sie dürfen ohne Anmeldung eine Führung mitmachen. ☐ richtig ☐ falsch
③ Sie können im Museumcafé essen und trinken. ☐ richtig ☐ falsch
④ Sie können im Museum mit Blitz fotografieren. ☐ richtig ☐ falsch
⑤ Sie müssen ohne Taschen durch die Ausstellung gehen. ☐ richtig ☐ falsch

Aktivität：やってみよう

行ってみたい旅行先を書きましょう。そこで何がしたいですか、何が見たいですか？（6ページのLandeskundeを参考にしましょう）Schreiben Sie über einen Reiseplan. Was möchten Sie dort machen und sehen? (Sehen Sie auch auf Seite 6.)

（例）Ich möchte nach Berlin fahren. Dort will ich das Reichstagsgebäude besuchen. Ich kann Currywurst essen. Ich muss jobben, um nach Deutschland zu fliegen. …

> **ミニ・ランデスクンデ**
> ドイツ人は世界一旅行好きです。人口8,200万人に対して年間延べ約7,500万人が海外旅行を楽しみ、国際観光支出は650億ドルで、海外旅行者数ともに世界第1位です。ドイツ人は旅行のために働くともいわれており、半年前から次の旅行の計画をしてしまうほどです。その理由として、有給休暇がとりやすいことが挙げられます。年次有給休暇日数は30日（土日を含めて約6週間の連続休暇）で、病欠休暇は別途保証されています。夏に2〜3週間、秋に1週間、クリスマス休暇に2週間、イースターにも3〜4日間程度休むのが一般的です。

Grammatik

Lektion 9

1 話法の助動詞・未来形

können	〈可能性〉	「～することができる」「～かもしれない」
müssen	〈必然性〉	「～しなければならない」「～にちがいない」
dürfen	〈許可〉	「～してもよい」
wollen	〈主語の意志〉	「～するつもりだ」
sollen	〈主語以外の意志〉〈伝聞〉	「～すべきだ」「～だそうだ」
mögen	〈推量〉〈好み〉	「～かもしれない」「～を好む」
möchte	〈願望〉	「～したい」「～が欲しい」（Lektion4 参照）
werden	〈未来・推量〉	「～だろう」

助動詞	könn|en	müss|en	dürf|en	woll|en	soll|en	mög|en	werd|en
ich	k|ann	m|uss	d|arf	w|ill	soll	m|ag	werd|e
du	k|ann|st	m|uss|t	d|arf|st	w|ill|st	soll|st	m|ag|st	w|ir|st
er/sie/es	k|ann	m|uss	d|arf	w|ill	soll	m|ag	w|ir|d
wir	könn|en	müss|en	dürf|en	woll|en	soll|en	mög|en	werd|en
ihr	könn|t	müss|t	dürf|t	woll|t	soll|t	mög|t	werd|et
sie / Sie	könn|en	müss|en	dürf|en	woll|en	soll|en	mög|en	werd|en

・文を作るときは、不定詞を文末に置きます。

 Er kann gut Deutsch sprechen.　彼は上手にドイツ語を話すことができる。

 Können Sie das Fenster aufmachen?　窓を開けてくれませんか？

 Soll ich das Fenster zumachen?　窓を閉めましょうか？

 Wollen wir spazieren gehen?　散歩に行きましょうか？

> Können Sie～　～してくれませんか（依頼）
> Soll ich～　～しましょうか（申し出）
> Wollen wir～　～しましょうか（勧誘）

・助動詞を単独で使うこともあります。

 Er kann gut Deutsch.　彼は上手にドイツ語ができる。

 Musst du zum Arzt?　君は医者に行かなければならないの？

 Sie mag Eis.　彼女はアイスクリームが好きだ。

 Ich möchte Wein.　私はワインが欲しい。

2 zu 不定詞

・不定詞の前後はコンマで区切り、zu 不定詞は不定詞句の末尾に置きます。語順に注意しましょう。

 Ich habe vor, nach Berlin zu fahren.　私はベルリンへ行く予定だ。

・分離動詞の場合、前綴りの後に zu と基礎動詞を置き、一語で書きます。

 Ich habe vor, nach Berlin abzufahren.　私はベルリンへ出発する予定だ。

・さまざまな用法

 Es ist sehr wichtig, fleißig Deutsch zu lernen.　まじめにドイツ語を勉強することは重要だ。

 Ich habe keine Zeit, den Roman zu lesen.　私はその小説を読む時間がない。

 Ich fliege nach Deutschland, um Deutsch zu lernen.（um ... zu～　～するために）

  ドイツ語を勉強するために私はドイツへ行く。

dreiundsechzig

Lektion 10 Körper 〜身体〜

Lernziele 体にかかわること、体調について話すことができる
Grammatik 再帰代名詞、再帰動詞、従属接続詞、従属文

Hören Sie und sprechen Sie：聞いて発音してみよう

der Körper

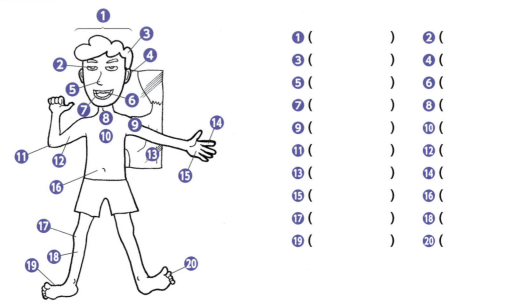

❶ (   )   ❷ (   )
❸ (   )   ❹ (   )
❺ (   )   ❻ (   )
❼ (   )   ❽ (   )
❾ (   )   ❿ (   )
⓫ (   )   ⓬ (   )
⓭ (   )   ⓮ (   )
⓯ (   )   ⓰ (   )
⓱ (   )   ⓲ (   )
⓳ (   )   ⓴ (   )

> *der* Arm (-e), *das* Auge (-n), *der* Bauch, *das* Bein (-e), *die* Brust, *der* Ellbogen (-),
> *der* Finger (-), *der* Fuß (Füße), *das* Haar (-e), *der* Hals, *die* Hand (Hände),
> *das* Knie (-), *der* Kopf, *der* Mund, *die* Nase, *das* Ohr (-en), *der* Rücken,
> *die* Schulter (-n), *der* Zahn (Zähne), *die* Zehe (-n)

die Krankheit

die Erkältung   *der* Husten   *das* Fieber   *der* Schnupfen

Kopfschmerzen (*pl.*)   Magenschmerzen (*pl.*)   Zahnschmerzen (*pl.*)   *der* Durchfall

Lektion 10

・日常生活で ▶ Im Alltag

Dialog ① （くしゃみをした人に向かって）お大事に！ / Gesundheit!　CD 72

du で

(niesen)

Danke. (niesen)

Ja, ein bisschen.

Gesundheit!

Hast du eine Erkältung?

Aufgabe 1 例にならって風邪をひいているかどうか聞いてみよう。Machen Sie Dialoge.

du で

（例）A：Hast du eine Erkältung?　　B：Ja, ich habe auch Kopfschmerzen.

① ja / auch Husten haben　　　② nein / gesund sein

③ ja / auch Fieber haben　　　④ nein / müde sein

・診察で ▶ Beim Arzt

Dialog ② どこか悪いのですか？ / Was fehlt Ihnen?　CD 72

Sie で

Was fehlt Ihnen?

Ich muss mir Ihren Hals ansehen.

Ich fühle mich krank.
Mein Hals tut weh.

人(3格) + fehlen　　[人(3格)の](体の)調子が悪い
Was fehlt Ihnen?　どこの具合が悪いのですか？

$sich^4$ fühlen　自分を〜と感じる
$sich^3$ ansehen　〜を見る

Aufgabe 2 具合の悪いところを聞いてみよう。Machen Sie Dialoge.

Sie で

（例）A：Was fehlt Ihnen?
　　　B：Mein Zahn tut weh.

① r Kopf　　② s Ohr　　③ e Nase　　④ Beine (pl.)

fünfundsechzig | 65

・電話で ▶ Telefongespräch

Dialog ③ ごめんなさい / Entschuldige bitte, dass…. CD 73

du で

Hier spricht Thomas.
Heute muss ich im Bett bleiben, weil ich eine Grippe habe.
Entschuldige bitte, dass ich heute nicht zu dir kommen kann.

Schade, da kann man nichts machen.
Gute Besserung und auf Wiederhören!

Danke, auf Wiederhören!

Gute Besserung! お大事に

Aufgabe 3 謝ってみよう。Formulieren Sie eine Entschuldigung.

du で

A: Entschuldige bitte, dass ich … _____ .
B: Schade! / Macht nichts. / Da kann man nichts machen.

① heute spät kommen ② im Unterricht fehlen
③ nicht genug Geld haben ④ dir nicht helfen können

Dialog ④ 何に興味があるの？ / Wofür interessierst du dich? CD 73

du で

Wofür interessierst du dich?

Ich interessiere mich für Musik.

Dann freust du dich auf das Konzert?

Ja, ich freue mich darauf.

wofür = was + für
darauf = das + auf

Aufgabe 4 会話をしてみよう。Spielen Sie Dialoge.

① Essen   das Fest   ② Kunst   die Ausstellung
③ Natur   der Ausflug   ④ Sport   die Fußballspiele

Lektion 10

Phonetik：ドイツ語らしく話す

CD 74

長い単語を発音してみましょう。Schwierige und lange Wörter - Silben zählen.
まず母音の数を数えましょう。通常、一音節の中に一つの母音があります。指を折って音節を数えながら、ゆっくり読んでみましょう。何度も大きな声で繰り返してください。

Arzt	Arzt				
Krankheit	Krank	heit			
Erkältung	Er	käl	tung		
Entschuldigung	Ent	schul	di	gung	
Medikamente	Me	di	ka	men	te
Versichertenkarte	Ver	si	cher	ten	kar	te

Hören：聞きとり

CD 75

2つの会話を聞いて、内容に合うようにチェックを入れ、また空欄を埋めましょう。
Hören Sie die Gespräche. Kreuzen Sie an und ergänzen Sie.

(1) Lisa ist　　　☐gesund　　　☐krank
　　Lisa hat　　　☐Kopfschmerzen　　☐Bauchschmerzen
　　Lisa geht　　☐zum Seminar　　☐zum Arzt
　　Thomas wünscht Lisa (　　　　) (　　　　).

(2) Ayaka geht es　　☐gut　　　☐schlecht
　　Ayaka　　　　　☐kommt　　☐kommt nicht　　heute Nachmittag
　　Ayaka möchte Lisa　☐sehen　　☐nicht sehen
　　(　　　　) ist gut für Gesundheit.

ミニ・ランデスクンデ

　ドイツでは、病気になるとまずHausarzt（ホームドクター）の所へ行きます。専門的な治療が必要と判断されれば、他の病院を紹介されます。公的な医療保険制度がありますが、より手厚い治療を求める人はプライベート保険に加入します。学生は学生登録と同時に公的医療保険に加入します。以下に身近な病名をまとめました。
Erkältung 風邪、Schnupfen 鼻風邪、Grippe / Influenza インフルエンザ
Heuschnupfen / Pollenallergie 花粉症・花粉アレルギー
Blinddarmentzündung（[blind 盲目の＋Darm 腸]＋Entzündung 炎症）盲腸炎
「十二指腸炎」はドイツ語で　➡

Lesen：ドイツ語を読む

次の文を読んで、以下の文が正しいか間違っているか答えましょう。
Richtig oder falsch? Kreuzen Sie an!

> Alex macht Skiurlaub. Sein Hobby ist Wintersport, besonders Ski fahren. Heute fährt er Snowboard. Er fährt schon gut Snowboard, aber er fährt sehr schnell und in der Mitte stürzt er. Weil er am Bein Schmerzen hat, geht er zu einer Unfallpraxis* in der Nähe vom Skigelände. Eine Ärztin untersucht ihn und macht Röntgenbilder** von seinem Bein. Dann sagt sie: „Ihr Bein ist gebrochen. Sie müssen mindestens drei Wochen lang im Krankenhaus bleiben. Und Ski fahren? Nein, das geht nicht! Diesen Winter können Sie nicht mehr Ski oder Snowboard fahren!" Alex ist enttäuscht. Es ist langweilig, dass er den ganzen Winter nichts mehr machen darf.
>
> * *e* Unfallpraxis 救急診療所
> ** Röntgenbilder < *s* Röntgenbild レントゲン写真

Fragen

① Alex fährt gern Ski. ☐ richtig ☐ falsch
② Alex kann nicht gut Snowboard fahren. ☐ richtig ☐ falsch
③ Die Unfallpraxis ist auf dem Skigelände. ☐ richtig ☐ falsch
④ Alex möchte im Krankenhaus bleiben. ☐ richtig ☐ falsch
⑤ Alex darf diesen Winter Ski fahren. ☐ richtig ☐ falsch

Aktivität：やってみよう

自分の一日のスケジュールを書いてみましょう。Schreiben Sie Ihren Tagesablauf.

> 使う表現のヒント
>
> auf|stehen, frühstücken, sich³ das Gesicht waschen, sich³ die Zähne putzen, sich⁴ rasieren, sich⁴ schminken, sich⁴ kämmen, zur Schule / Uni gehen, nach Hause zurückkommen, sich⁴ duschen / baden

（例）Um sechs Uhr stehe ich auf. Um halb sieben frühstücke ich. ...

再帰代名詞4格
sich⁴ rasieren　ひげをそる
sich⁴ duschen　シャワーを浴びる

再帰代名詞3格
sich³ | das Gesicht | waschen
　　　| die Haare　|
　　　| die Hände　|
　　　顔/髪/手を洗う

Grammatik

 Lektion 10

1 再帰代名詞

・一つの文の中で、主語と同一の人物・事物を指し示す代名詞。3格と4格があります。

	単数			複数			敬称
	1人称	2人称	3人称	1人称	2人称	3人称	2人称
	ich	du	er/sie/es	wir	ihr	sie	Sie
再帰代名詞3格	mir	dir	sich	uns	euch	sich	sich
再帰代名詞4格	mich	dich	sich	uns	euch	sich	sich

・3人称すべてと2人称の敬称はsichです。敬称のときも小文字のままです。

　　Er wäscht **sich**.　彼は彼自身を洗う。　≠　Er wäscht **ihn**.　彼は彼(他の人)を洗う。
　　　　└─同じ人─┘　　　　　　　　　　　　　　　　　└─違う人─┘

2 再帰動詞

・再帰代名詞と結びつき一つのまとまった意味を表わす動詞を再帰動詞といいます。

　　sich⁴ duschen シャワーを浴びる　　sich⁴ rasieren ひげを剃る　　sich⁴ schminken 化粧をする
　　sich⁴ setzen 座る　　sich⁴ erkälten 風邪をひく
　　{ sich⁴ vor|stellen 自己紹介をする　　Ich stelle mich dir vor.
　　{ sich³ + 4格 vor|stellen 〜を想像する　　Ich kann mir meinen Bruder noch vorstellen.

・特定の前置詞と結びついた、熟語のようなものもあります。

　　sich⁴ für + 4格 interessieren 〜に興味がある　　Ich interessiere mich für Musik.
　　sich⁴ an + 4格 erinnern 〜を思い出す／覚えている　　Erinnerst du dich noch an die Sache?
　　{ sich⁴ auf + 4格 freuen 〜を楽しみにしている　　Wir freuen uns auf die Sommerferien.
　　{ sich⁴ über + 4格 freuen 〜を喜ぶ　　Ich freue mich über deinen Besuch.

3 従属接続詞と副文

・従属接続詞　　二つの文を〈主〉と〈従〉の関係で結びつける接続詞

weil	〜だから〈原因・理由〉　　㊙because	ob	〜かどうか〈間接疑問文〉　　㊙if
dass	〜すること〈名詞節〉　　㊙that	als	〜した時〈過去の時点〉　　㊙when
wenn	〜する時〈現在の時点〉、〜ならば〈条件・仮定〉　　㊙when, if		

・従属接続詞が導く副文（従属文）では、定動詞を副文末に置きます（定動詞後置）。主文と副文の間はコンマで区切ります。

　　Er kommt heute nicht, weil er Fieber hat.　彼は熱があるので、今日は来ません。
　　　　　主文　　　　　　　　副文　　定動詞(文末)

・副文を主文の前に置く場合は、主文の定動詞は副文の次に置きます（定動詞第二位）。

　　Weil er Fieber hat, kommt er heute nicht.　彼は熱があるので、今日は来ません。

・副文中の分離動詞は分離しません。

　　Ich glaube, dass der Zug bald abfährt.　私はその列車がまもなく出発すると思う。

Lektion 11 Aktivitäten ～活動～

Lernziele 過去の出来事や思い出について話すことができる
Grammatik 過去形、現在完了形

Hören Sie und sprechen Sie：聞いて発音してみよう　CD 77

下線部に下の選択肢を入れ替えながら言ってみましょう。

- Was hast du _____ gemacht?

heute	gestern	vorgestern
den ganzen Tag		
heute Morgen	gestern Abend	am Samstagabend
letzte Woche	letzten Monat	letztes Jahr
am Wochenende		

下線部に聞こえた過去分詞を入れて言ってみましょう。下のリストを参考にしましょう。　CD 78

- Ich habe eine Reise nach Deutschland _____. (machen)
  Ich habe in der Bibliothek _____. (lernen)
  Ich habe meine Verwandten _____. (besuchen)
  Ich habe eine E-Mail _____. (schreiben)
  Ich habe italienisch _____. (essen)

（過去分詞のリスト）

gegessen	besucht	aufgestanden	gestiegen	geschrieben
gelernt	gefahren	geblieben	gegangen	gemacht

CD 79

- Ich bin ins Kino _____. (gehen)　　　Ich bin Rad _____. (fahren)

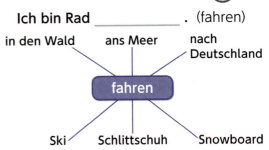

下線部に過去分詞を入れてみましょう。上のリストを参考にしましょう。
① Ich bin auf den Berg _____. (steigen)
② Ich bin früh _____. (auf|stehen)
③ Ich bin zu Hause _____. (bleiben)

Lektion 11

• 週のはじめに ▶ Am Anfang der Woche

Dialog ① 日曜日は何をしたの？ / Was hast du am Sonntag gemacht?

du で

- Was hast du am Sonntag gemacht?
- Am Sonntag habe ich Deutsch gelernt.
- Und am Montag?
- Am Montag habe ich Musik gehört.

Aufgabe 1 隣の人にこの一週間何をしたか聞いて、表を埋めてみよう。

Fragen Sie Ihren Partner / Ihre Partnerin.

	Mo.	Di.	Mi.	Do.	Fr.	Sa.	So.
ich							
Partner/-in							

（ヒント）Deutsch / Englisch …lernen, Tennis / Fußball / Klavier …spielen, jobben, Hausaufgaben machen, eine Tasche / ein Buch …kaufen, malen, die Freunde / Großeltern …besuchen, telefonieren, ….

Dialog ② 週末はどこへ行ったのですか？ / Wohin sind Sie am Wochenende gefahren?

Sie で

- Wohin sind Sie am Wochenende gefahren?
- Ich bin nach Köln gefahren.
- Was haben Sie dort gemacht?
- Ich habe den Kölner Dom besichtigt.

Aufgabe 2 どこへ行って、何をしていたか尋ねてみよう（Sie で）。Fragen Sie sich gegenseitig.

① Nürnberg ➡ Lebkuchen kaufen
② München ➡ Bier trinken
③ Stuttgart ➡ auf den Weihnachtsmarkt gehen
④ Salzburg ➡ ins Konzert gehen

einundsiebzig | 71

・履歴書 ▶ Mein Lebenslauf

Dialog ③ どこで生まれたの？ / Wo bist du geboren?

`du で`

 Wo bist du geboren?

Ich bin in Kiel geboren.

Bist du auch dort aufgewachsen?

Nein, ich bin in Hamburg aufgewachsen.

Aufgabe 3 どこで生まれたか、どこで育ったか尋ねてみよう。Fragen Sie sich gegenseitig.

① du / ? / ?
② Sie / ? / ?
③ Herr Meyer / Frankfurt am Main / Köln
④ Lisa und Monika / Leipzig / Berlin

Dialog ④ きのうはどこにいたの？ / Wo warst du gestern?

`du で`

 Wo warst du gestern?

Ich war zu Hause. Und du?

Ich war in der Bibliothek.
Ich musste ein Referat schreiben.

Aufgabe 4 隣の人に順番に、どこにいたか聞いてみよう。Machen Sie eine Kettenübung.

(例) A: Wo warst du gestern?
　　 B: Ich war an der Uni. Ich hatte Unterricht.
　　　　 Und du? Wo warst du gestern?
　　 C: Ich war zu Hause. Ich hatte Fieber. Und du? Wo warst du gestern?
　　 D: Ich war in Shinjuku. ……

Lektion 11

Phonetik：ドイツ語らしく話す

CD 82

子音の連続

日本語は基本的に子音が連続して並ぶことがないので、日本人にとっては難しい発音です。
buru, guruのように、母音を入れないように練習しましょう。

① br, gr, spr

　　ringen － bringen － springen

　　rechen － brechen － sprechen

　　rund － Grund,　Rad － Grad

② st, str, schr

　　sehen － stehen － streng

　　reiten － streiten － schreiten

　　reiben － schreiben

③ bl, gl

　　leicht － bleich － gleich

　　lau － blau,　Laube － Glaube

Hören：聞きとり

CD 83

会話を聞いて、下の文の内容が合っていればrichtig、間違っていればfalschにチェックしましょう。

Kreuzen Sie an.

①Heute ist Montag. □richtig □falsch
②Thomas hat am Samstag eine Fahrradtour gemacht. □richtig □falsch
③Thomas ist gestern 25 km mit dem Fahrrad gefahren. □richtig □falsch
④Thomas hat am Sonntag viel gelernt. □richtig □falsch
⑤Ayaka fährt sehr gern Rad. □richtig □falsch
⑥Ayaka hat gestern Abend einen Film gesehen. □richtig □falsch
⑦Ayaka möchte einen Ausflug mit Thomas machen. □richtig □falsch
⑧Das ist eine schlechte Idee! □richtig □falsch

ミニ・ランデスクンデ〈ドイツのクリスマス〉

　クリスマスからさかのぼって4番目の日曜日、すなわち第一アドヴェント（Advent）〈待降節〉には、リース（Adventskranz）の一本目のろうそくに火がともされ、一連の行事が始まります。ドイツには子供がプレゼントをもらえる日が2回あり、12月6日の聖ニコラウスの日（Nikolaustag）にはニコラウス（Sankt Nikolaus）から、12月24日のクリスマスイヴにはChristkind（ドイツ南部）やWeihnachtsmann（ドイツ北部）から、プレゼントをもらいます。大人たちもプレゼントを贈り合います（Bescherung）。ドイツのクリスマスは日本のお正月のように、家族でゆっくり過ごす時間です。

dreiundsiebzig | 73

Lesen：ドイツ語を読む

次の文を読んで答えましょう。 Lesen Sie den Text und beantworten Sie die Fragen.

> Gestern hat die Adventszeit begonnen. Ayaka hat eine Kerze auf dem Adventskranz angezündet. Sie war sehr glücklich, weil sie an dem Tag eine Reise mit Lisa nach Dresden vorhatte. Ayaka und Lisa haben sich am Bahnhof getroffen, um mit dem ICE dorthin zu fahren. Sie wollten natürlich auf den Weihnachtsmarkt gehen.
> Als sie in der Stadt ankamen, war es sehr kalt. Sie hatten Lust, Bratwürstchen zu essen und Glühwein zu trinken. Auf dem Weihnachtsmarkt hat Ayaka Kerzen und Glöckchen gekauft, und Lisa Stollen. Sie waren sehr froh und ihnen gefiel die Stadt. Ayaka hat auch ein paar Weihnachtskarten gekauft und sofort an ihre Freundin in Japan geschrieben: „Ich wünsche dir frohe Weihnachten und ein gutes neues Jahr!"

Fragen

① Mit wem ist Ayaka nach Dresden gefahren?
② Was hat Ayaka in Dresden getrunken?
③ Was hat Ayaka auf dem Weihnachtsmarkt gekauft?
④ Was hat Ayaka sonst gemacht?
⑤ War Ayaka mit der Reise zufrieden?

Adventszeit アドヴェントの時期（クリスマス前の4週間）、angezündet < anzünden 火を灯す、vorhatte < vorhaben 計画する、ICE 都市間超特急、Weihnachtsmarkt クリスマスマーケット、als… …した時に、ankamen < ankommen 到着する、Lust haben, zu~ ~する気持ちになる、Glühwein ホットワイン、Stollen シュトレン

Aktivität：やってみよう

次の履歴書を参考にして、自分の履歴書を書いてみましょう。 Schreiben Sie Ihren Lebenslauf.

[Rainer Müller]

1990	in Düsseldorf geboren	・Ich bin in Düsseldorf geboren.
1996	Grundschule in Düsseldorf	・Ich bin auf die Grundschule in Düsseldorf gegangen.
2000-2009	Gymnasium in Köln	・Ich habe das Gymnasium in Köln besucht.
2009	Abitur in Köln	・Dort habe ich das Abitur gemacht.
2009-2015	Studium der Medizin an der Universität zu Köln	・Dann habe ich an der Universität zu Köln Medizin studiert. ・Ich habe mein Studium der Medizin abgeschlossen.
2016-	Krankenhaus in Köln	・Danach bin ich Arzt geworden. ・Ich habe bei einem Krankenhaus gearbeitet.

Grammatik

Lektion 11

1 動詞の三基本形   □は語幹（動詞の変化しない部分）を表わします。

	不定詞	過去基本形	過去分詞
規則変化	☐ en	☐ te	ge ☐ t
	mach en	mach te	ge mach t
	arbeit en	arbeit ete*	ge arbeit et*
不規則変化（混合変化）	☐ en	☐ te	ge ☐ t
	kenn en	kannte	gekannt
	könn en	konnte	gekonnt
	hab en	hatte	ge hab t
不規則変化（強変化）	☐ en	___	ge ___ en
	komm en	kam	ge komm en
	sein	war	gewesen
	werd en	wurde	geworden
分離動詞	an|kommen	kam ... an	angekommen**
非分離動詞	bekommen	bekam	bekommen***
-ieren動詞	studieren	studierte	studiert***

・語幹が-d, -tで終わる場合は、-te, -tの語尾の前に発音上のeが入ります。（表*）
・分離動詞の過去分詞は、ge-の前に前綴りを置き、一語で書きます。（表**）
・非分離動詞、-ierenで終わる動詞には、過去分詞にge-が付きません。（表***）

2 現在完了形

・完了の助動詞habenまたはsein ... 過去分詞（文末）で、過去の出来事を表わします。
　過去形は、sein (war)やhaben (hatte)、話法の助動詞以外は、書き言葉でよく用いられ、話し言葉では現在完了形が好まれます。

1）他動詞と大部分の自動詞　⇒　habenを使います。
　　Ich habe Deutsch gelernt.　私はドイツ語を学んだ。　　Er hat gearbeitet.　彼は働いた。
2）移動（kommen, gehenなど）や状態変化（aufstehenなど）の自動詞、またsein, bleibenなどの決まった動詞　⇒　seinを使います。
　　Ich bin früh aufgestanden.　私は早く起きた。

3 過去人称変化

不定詞	mach en	arbeit en	sein	haben	können (話法の助動詞)
過去基本形	mach te	arbeit ete	war	hatte	konnte
ich	mach te	arbeit ete	war	hatte	konnte
du	mach test	arbeit etest	warst	hattest	konntest
er/sie/es	mach te	arbeit ete	war	hatte	konnte
wir	mach ten	arbeit eten	waren	hatten	konnten
ihr	mach tet	arbeit etet	wart	hattet	konntet
sie / Sie	mach ten	arbeit eten	waren	hatten	konnten

Lektion 12: Wetter und Statistik 〜天候と統計〜

Lernziele 天気や日付の表現ができる、統計資料を読んで判断ができる
Grammatik 非人称構文、形容詞の格変化と比較変化

Hören Sie und sprechen Sie：聞いて発音してみよう

● Wie ist das Wetter?

Es ist sonnig / schön / klar.
Die Sonne scheint. (*die* Sonne)

Es ist bewölkt / wolkig / bedeckt.
(*die* Wolke)

Es regnet.
(*der* Regen)

Es schneit.
(*der* Schnee)

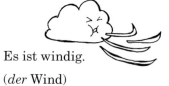
Es ist windig.
(*der* Wind)

Es ist neblig.
(*der* Nebel)

Es stürmt.
(*der* Sturm)

Es donnert.
(*der* Donner)

Es ist wechselhaft.

Ein Taifun kommt.
(*der* Taifun)

Ein Regenbogen erscheint.
(*der* Regenbogen)

Es ist kalt.
Es ist minus ein Grad. / Es ist ein Grad unter Null.

Es ist sehr heiß.
Es sind fünfunddreißig Grad.

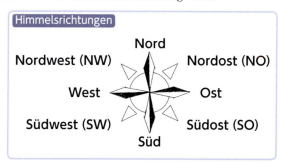

Himmelsrichtungen

Nord
Nordwest (NW)　　Nordost (NO)
West　　　　　　　Ost
Südwest (SW)　　Südost (SO)
Süd

Lektion 12

Dialog ① 今日の天気はどう？ / Wie ist das Wetter heute?

Wie ist das Wetter heute?

Die Wettervorhersage sagt: es ist wolkig und wechselhaft.

Schade!

e Wettervorhersage
天気予報

Aufgabe 1 天気を聞いてみよう。Fragen Sie nach dem Wetter.

A: Wie ist das Wetter heute?
B: Die Wettervorhersage sagt: Es ist ___形容詞___ . / Es gibt ___名詞___ .

①schön   ②wolkig   ③Schauer   ④Sturm

es gibt 4格名詞
〜がある

Dialog ② ドイツの方が日本より寒い / Es ist in Deutschland kälter als in Japan.

du で

Es ist in Deutschland kälter als in Japan.

Wirklich?

Heute ist es in Hamburg 3 Grad.
Und in Tokyo 10 Grad.

Dann hast du recht.

Aufgabe 2 どちらが寒いですか？比べてみよう。Welche Stadt ist kälter? Vergleichen Sie.

A: Es ist in _____ kälter als in _____ .
B: Wirklich?
A: Heute ist es in _____ _____ Grad.
　　Und in _____ _____ Grad.

①Berlin   4°C   ②Bern   1°C
③London   7°C   ④Rom   8°C

siebenundsiebzig | 77

Dialog ③ どの山がドイツで一番高いですか？ / Welcher Berg ist am höchsten in Deutschland?

Welcher Berg ist am höchsten in Deutschland?

Die Zugspitze. Sie ist 2963 Meter hoch.

Aufgabe 3 何が一番か尋ねてみよう。Fragen Sie gegenseitig.
① der Fuji (3776 Meter **hoch**)　　　　　in Japan
② der Genfer See (Fläche: 580 km² **groß**)　in der Schweiz　☞ km² = Quadratkilometer
③ der Shinano Fluss (367 Kilometer **lang**)　in Japan
④ die Ruprecht-Karls-Universität Heidelberg (gegründet 1386, **alt**) in Deutschland

• 日付 ▶ Datum

Dialog ④ 誕生日はいつ？ / Wann hast du Geburtstag?

du で

Wann hast du Geburtstag?

Ich habe am vierundzwanzigsten April Geburtstag.

Aufgabe 4 隣の人に順番に誕生日を尋ねてみよう。Machen Sie eine Kettenübung.

Januar 1月	Februar 2月	März 3月	April 4月
Mai 5月	Juni 6月	Juli 7月	August 8月
September 9月	Oktober 10月	November 11月	Dezember 12月

Lektion 12

序数

19までは -t、20以上は -st を基数に付けます。

1. erst   2. zweit   3. dritt   4. viert   5. fünft ...   7. siebt   8. achxt ...
20. zwanzigst   21. einundzwanzigst   22. zweiundzwanzigst ......
30. dreißigst   31. einunddreißigst

▶日付の読み方（序数＋形容詞語尾変化）
Der Wievielte ist heute? 今日は何日ですか？　Heute ist der erste April. Heute ist der dreißigste Juni.
am 9.11.1989 = am neunten November(elften) neunzehnhundertneunundachtzig
am 20.10.2018 = am zwanzigsten Oktober(zehnten) zweitausendachtzehn

Zahlen(3)：100以上の数字

100	(ein)hundert	1.000	(ein)tausend
101	(ein)hunderteins	1.234	eintausendzweihundertvierunddreißig
234	zweihundertvierunddreißig	10.000	zehntausend
		1.000.000	eine Million

Phonetik：ドイツ語らしく話す

外来語の発音、スペルに注意しましょう。

① c, ch
　　[k] Café, Charakter
② z, t
　　[ts] Zentrum, Nation
③ chs, x
　　[ks] Wachs, sechs, Taxi
④ j
　　[dʒ] Job - [ʒ] Journalist　　　[j] Jacke - [ʒ] Jackett

Hören：聞きとり

CDを聞いて、どちらが寒く、どちらが暖かいか、地名を入れましょう。

Hören Sie die Aussage. Wo wird es kälter, wo wird es wärmer?

	kälter	wärmer
①		
②		
③		

① Osaka – Tokyo　　② Hamburg – Berlin　　③ Wien – Zürich

neunundsiebzig

Lesen：ドイツ語を読む

次の文章と内容が合う文を、①〜⑤の中から3つ選びましょう。
Wählen Sie die drei richtige Sätze aus.

> Die Rollenverteilung* in Deutschland ist heute noch immer so: Hausarbeit bleibt vor allem** bei Frauen, und meistens verdienen Männer das Geld. Die deutschen Männer verbringen nur halb so viel Zeit mit Hausarbeit wie Frauen. Die Situation in den skandinavischen Ländern ist viel besser. Zum Beispiel in Schweden arbeiten Männer fast gleich wie Frauen im Haushalt. Im Gegensatz zu den skandinavischen Ländern ist die Gesellschaft in Asien noch extrem konservativ. In Indien, Japan und Südkorea arbeiten Männer viel weniger im Haushalt. Indische Frauen müssen zum Beispiel dafür umso länger arbeiten.
>
> * e Rollenverteilung 役割分担
> ** vor allem とりわけ

① In Deutschland glaubt man, dass Männer bei der Hausarbeit die Hauptrolle spielen sollen.
② In Deutschland machen Frauen zweimal mehr Hausarbeit als Männer.
③ In Schweden machen Männer fast so viel Hausarbeit wie Frauen.
④ In asiatischen Ländern sind Frauen nicht so gleich wie in Schweden.
⑤ In Japan machen Männer so viel Hausarbeit wie Frauen.

Aktivität：やってみよう

次のグラフを説明する文になるように、適切な語句を選んで空欄に入れましょう。
Sehen Sie die Grafik und ergänzen Sie den Text.

Gesamtzahl von gesetzlichen Feiertagen ist verschieden in jedem Bundesland. Berlin hat (1) Feiertage als Brandenburg. Berlin hat (2) (3) Feiertage (4) Hamburg. Wenn man in Bayern wohnt, hat man (5) Feiertage in Deutschland. Warum？ In katholischen Gegenden gibt es (6) Feiertage. Und wie viele Feiertage gibt es in Japan？ —Japan hat (7) Feiertage als Deutschland.

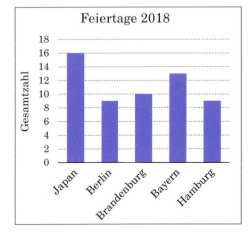

(a) viel   (b) mehr   (c) die meisten
(d) wenig   (e) weniger
(f) die wenigsten   (g) so   (h) wie

Grammatik

Lektion 12

1 形容詞の格変化

1）定冠詞(類)＋形容詞〈弱変化〉＋名詞

定冠詞で性・数・格が分かるので、語尾は男性１格、女性・中性１・４格で -e、残りは -en。

	男性名詞 *m.*	女性名詞 *f.*	中性名詞 *n.*	複数形 *pl.*
１格	der gute Mann	die gute Frau	das gute Kind	die guten Leute
２格	des guten Mannes	der guten Frau	des guten Kindes	der guten Leute
３格	dem guten Mann	der guten Frau	dem guten Kind	den guten Leuten
４格	den guten Mann	die gute Frau	das gute Kind	die guten Leute

2）不定冠詞(類)＋形容詞〈混合変化〉＋名詞

男性１格、中性１・４格では冠詞に語尾がないので形容詞に定冠詞類と同じ語尾を付ける。それ以外の語尾は女性１・４格で -e、残りは -en。

	男性名詞 *m.*	女性名詞 *f.*	中性名詞 *n.*	複数形 *pl.*
１格	ein guter Mann	eine gute Frau	ein gutes Kind	keine guten Leute
２格	eines guten Mannes	einer guten Frau	eines guten Kindes	keiner guten Leute
３格	einem guten Mann	einer guten Frau	einem guten Kind	keinen guten Leuten
４格	einen guten Mann	eine gute Frau	ein gutes Kind	keine guten Leute

3）無冠詞＋形容詞〈強変化〉＋名詞

冠詞類がないので、代わりに形容詞が定冠詞類と同じ語尾変化をして性・数・格を示す。

	男性名詞 *m.*	女性名詞 *f.*	中性名詞 *n.*	複数形 *pl.*
１格	deutscher Mann	deutsche Frau	deutsches Kind	deutsche Leute
２格	deutschen Mannes	deutscher Frau	deutschen Kindes	deutscher Leute
３格	deutschem Mann	deutscher Frau	deutschem Kind	deutschen Leuten
４格	deutschen Mann	deutsche Frau	deutsches Kind	deutsche Leute

2 比較

原級	比較級（-er）	最上級（-st, am -sten）
klein	kleiner	kleinst, am kleinsten
groß	größer	größt, am größten
alt	älter	ältest, am ältesten
hoch	höher	höchst, am höchsten
gut	besser	best, am besten
viel	mehr	meist, am meisten
gern（副詞）	lieber	am liebsten

・母音が一つの語は、a, o, u が ä, ö, ü になります。
・-d, -t, -z などで終わる語は最上級で -est となります。
・副詞の最上級は常に am -sten。

・so 原級 wie ～　「～と同じくらい…」Er ist so groß wie ich.
・比較級 als ～　「～よりも…」Sie ist größer als ich.
・定冠詞＋最上級　「最も…」Er ist der fleißigste von uns. Er ist am fleißigsten in der Klasse.

☞ 比較級・最上級も、名詞に付くときには原級と同じ格変化をします。

　　Ich habe einen jüngeren Bruder und eine ältere Schwester.　私には弟が一人と姉が一人いる。

Ergänzung zur Grammatik

● **文法補足①** ▶ nichtの位置

不定詞句をもとに考えます。動詞を第2位に移して文を作ります。

1）否定したい語句の前にnichtを置く（原則）

（不定詞句）heute nicht kommen 　（平叙文）Ich komme heute nicht.
　　　　　　　　　　　　　　　　　　　　　　第2位

（不定詞句）nicht heute kommen 　（平叙文）Ich komme nicht heute.
　　　　　　　　　　　　　　　　　　　　　　第2位

2）動詞と密接に結び付く語の間にはnichtは入れず、前に置く

①動詞＋助動詞

（不定詞句）　arbeiten müssen　　➡　　nicht arbeiten müssen
　　　　　　　　　　　　　　　　　　　（平叙文）Ich muss nicht arbeiten.

②自立性を失った目的語＋動詞

（不定詞句）　Rad fahren　　➡　　nicht Rad fahren
　　　　　　　　　　　　　　　　（平叙文）Ich fahre nicht Rad.

（不定詞句）　Klavier spielen　　➡　　nicht Klavier spielen
　　　　　　　　　　　　　　　　　　（平叙文）Ich spiele nicht Klavier.

③方向を表わす語句＋動詞

（不定詞句）　nach Tokyo fahren　➡　nicht nach Tokyo fahren
　　　　　　　　　　　　　　　　　　（平叙文）Ich fahre nicht nach Tokyo.

④補語＋sein, werden, bleiben

（不定詞句）　jung sein　　➡　　nicht jung sein
　　　　　　　　　　　　　　　　（平叙文）Ich bin nicht jung.

（不定詞句）　Politiker werden　　➡　　nicht Politiker werden
　　　　　　　　　　　　　　　　　　（平叙文）Ich werde nicht Politiker.

⑤様態の副詞

（不定詞句）　schnell laufen　　➡　　nicht schnell laufen
　　　　　　　　　　　　　　　　（平叙文）Ich laufe nicht schnell.

● 文法補足② ▶ 2格

2格「〜の」は、後ろから前にかかり、所有を表します。英語の *of* 〜にあたります。

　　　das Auto　des Vaters　　父の車
　　　　　↑←←←←←↓

　　　die Tasche　der Mutter　　母のバッグ
　　　　　↑←←←←←↓

・男性・中性名詞には語尾 -(e)s がつきます。
・所有冠詞は不定冠詞 (ein など) のように格変化します。人称代名詞と混同しないこと。

　　　das Auto　seines Vaters　　彼の父の車
　　　　　↑←←←←←↓

・2格と結びつく前置詞：statt …の代わりに、trotz …にもかかわらず、während …の間じゅう、wegen …のために、など。
・名詞に付くもの(冠詞、前置詞、形容詞)は全て格変化します。また、人称代名詞も格変化します。ここで冠詞類の格変化をまとめておきます。

	定冠詞				定冠詞類			
	男性	女性	中性	複数	男性	女性	中性	複数
1格（〜が）	d**er**	d**ie**	d**as**	d**ie**	dies**er**	dies**e**	dies**es**	dies**e**
2格（〜の）	d**es**	d**er**	d**es**	d**er**	dies**es**	dies**er**	dies**es**	dies**es**
3格（〜に）	d**em**	d**er**	d**em**	d**en**	dies**em**	dies**er**	dies**em**	dies**en**
4格（〜を）	d**en**	d**ie**	d**as**	d**ie**	dies**en**	dies**e**	dies**es**	dies**e**

dies- この
jed- 各々の
manch- かなりの
solch- そのような
welch- どの
all- 全ての

	不定冠詞			不定冠詞類			
	男性	女性	中性	男性	女性	中性	複数
1格（〜が）	ein△	ein**e**	ein△	mein△	mein**e**	mein△	mein**e**
2格（〜の）	ein**es**	ein**er**	ein**es**	mein**es**	mein**er**	mein**es**	mein**es**
3格（〜に）	ein**em**	ein**er**	ein**em**	mein**em**	mein**er**	mein**em**	mein**en**
4格（〜を）	ein**en**	ein**e**	ein△	mein**en**	mein**e**	mein△	mein**e**

mein, dein, sein, ihr, unser, euer, ihr, Ihr, kein

＊定冠詞(類)と不定冠詞(類)の格変化の違いは、男性1格と中性1・4格で語尾が付かない(△)ことです。

[人称代名詞の格変化]

1格（〜が）	ich 私	du 君	er 彼	sie 彼女	es それ	wir 私たち	ihr 君たち	sie 彼ら	Sie あなた(方)
3格（〜に）	mir	dir	ihm	ihr	ihm	uns	euch	ihnen	Ihnen
4格（〜を）	mich	dich	ihn	sie	es	uns	euch	sie	Sie

Ergänzung zur Grammatik

● 文法補足③ ▶ 関係文

 Kennst du den Japaner, der an der Tür steht?
ドアのところに立っている日本人を知っていますか？

 Ja, er ist der Student aus Japan, den ich gestern kennengelernt habe.
ええ、彼は私が昨日知り合った日本出身の学生です。

 Wirklich? Er ist der Austauschstudent, dem ich beim Deutschlernen helfen muss.
本当ですか？ 彼は私がドイツ語の学習の手助けをしなければならない交換留学生です。

［関係代名詞］

	定関係代名詞（先行詞の性・数に合わせる）				不定関係代名詞	
	男性	女性	中性	複数形	人物	事物
1格	der	die	das	die	wer	was
2格	dessen	deren	dessen	deren	wessen	—
3格	dem	der	dem	denen	wem	was
4格	den	die	das	die	wen	was

・関係代名詞の格は、関係文の中の役割で決まります。
・関係文は副文なので、主文とコンマで区切り、定動詞を文末に置きます（定動詞後置）。
　Er hat einen Bruder, der in Berlin wohnt. 彼はベルリンに住んでいる兄がいる。

　Er hat einen Bruder, dessen Frau Ärztin ist.　彼は奥さんが女医である兄がいる。
　Ich kenne die Studentin, der ich geholfen habe.　私は助けてあげた女子学生を知っている。
　Ich kenne die Studentin, die du morgen besuchst.　私は君が明日訪問する女子学生を知っている。

・前置詞＋関係代名詞は関係文の先頭に置きます。前置詞を関係文内に残さないこと。
　Ich kenne die Studentin, auf die du lange wartest.
　　私は君が長いこと待っている女子学生を知っている。

・先行詞が場所の場合、前置詞＋関係代名詞の代わりに、関係副詞 wo を使うことができます。
　地名が先行詞の場合は、必ず wo を使います。
　Die Stadt, in der meine Eltern wohnen, liegt am See. 私の両親が住んでいる町は湖畔にある。
　Die Stadt, wo meine Eltern wohnen, liegt am See.　＝私の両親が住んでいる町は湖畔にある。
　Er fährt nach Berlin, wo seine Freundin wohnt. 彼は、ガールフレンドの住むベルリンへ行く。

・先行詞がなく、「～する人・もの」を表わす関係文には、wer, was（不定関係代名詞）を使います。
　Wer ehrlich ist, lügt nicht. 正直者はうそをつかない。
　Was er gesagt hat, ist richtig. 彼の言ったことは本当だ。

● 文法補足④ ▶ 受動文

 Welche Sehenswürdigkeit wird in Hamburg am meisten besucht?
　　ハンブルクで最もたくさんの人が訪れる名所はどこですか？

 Das ist die St. Michaelis-Kirche, die im 17. Jahrhundert gebaut wurde.
　　それは、17世紀に建てられた聖ミヒャエル教会です。

　　Sie ist von 9 bis 18 Uhr geöffnet.　9時から18時まで開いています。

　　Die Hamburger sagen aber „der Michel" zu der Kirche.
　　ハンブルクの人は、教会のことを「デア・ミッヒェル」と呼んでいます。

1）動作受動：werden ＋ von 動作主／durch 原因 ＋ 過去分詞（文末）
・能動文の４格目的語が受動文の主語になります。動作の対象が文の主題になるので、動作主は省略される場合もあります。

[能動文→受動文]

　　Die Lehrerin lobt den Schüler.　先生は生徒をほめる。
　　➡ Der Schüler wird von der Lehrerin gelobt.　生徒は先生にほめられる。
　　Er schenkte seiner Freundin einen Ring.　彼は彼のガールフレンドに指輪を贈った。
　　➡ Ein Ring wurde von ihm seiner Freundin geschenkt.
　　　　指輪が彼から彼のガールフレンドに贈られた。
　　Das Erdbeben zerstörte viele Häuser.　その地震はたくさんの家を破壊した。
　　➡ Viele Häuser wurden durch das Erdbeben zerstört.
　　　　たくさんの家が地震によって破壊された。
　　In Österreich spricht man Deutsch.　オーストリアでは、人はドイツ語を話す。
　　➡ In Österreich wird Deutsch gesprochen.　オーストリアではドイツ語が話される。

2）状態受動：sein ＋ 過去分詞（文末）
・動作がなされた結果としての状態「〜されている」はseinと他動詞の過去分詞で表わします。

　　Das Tor wird von der Wache geschlossen.　　（動作受動）門は門番によって閉められる。
　　Das Tor ist immer geschlossen.　　　　　　（状態受動）門はいつも閉まっている。

● 文法補足⑤ ▶ 接続法

 Was würdest du machen, wenn du Millionär wärst?　百万長者だったらどうしますか？

 Ich würde eine Weltreise machen. Und du?　世界旅行をします。君は？

 Keine Ahnung. Wenn ich doch Millionärin wäre!　わかりません。百万長者だったらなあ。

事実をそのまま記述する（直説法）のではなく、伝聞や仮定、要求や願望として叙述する形を接続法といいます。接続法には、主に間接話法に用いるⅠ式と、主に非現実話法に用いるⅡ式があります。

Ergänzung zur Grammatik

1）接続法Ⅰ式：不定詞の語幹＋e＋過去人称変化語尾　※ただしseinは例外

不定詞	geben	haben	werden	können	sein
ich	gebe	habe	werde	könne	sei
du	gebest	habest	werdest	könnest	sei(e)st
er / sie / es	gebe	habe	werde	könne	sei
wir	geben	haben	werden	können	seien
ihr	gebet	habet	werdet	könnet	seiet
sie / Sie	geben	haben	werden	können	seien

- 間接話法

　Der Regierungssprecher sagte, es gebe noch keine offizielle Bestätigung für die Berichte.
　政府のスポークスマンによれば、報告書にはまだ公的な確認がとれていないとのことである。

2）接続法Ⅱ式：過去基本形＋(e)＋過去人称変化語尾
- 規則変化動詞は過去形と全く同じ形。lernen → lernte, warten → wartete
- 不規則変化動詞は幹母音 a, o, u → ä, ö, ü

不定詞	geben	haben	werden	können	sein
過去基本形	gab	hatte	wurde	konnte	war
ich	gäbe	hätte	würde	könnte	wäre
du	gäbest	hättest	würdest	könntest	wär(e)st*
er / sie / es	gäbe	hätte	würde	könnte	wäre
wir	gäben	hätten	würden	könnten	wären
ihr	gäbet	hättet	würdet	könntet	wär(e)t*
sie / Sie	gäben	hätten	würden	könnten	wären

- 過去基本形がeで終わる場合はeをさらに付け加える必要はない。口語で省略することもある(表*)。
- 非現実話法（sein, haben, 話法の助動詞以外は、würde＋不定詞を用いることが多い）

　Was würdest du machen, wenn du reich wärest?　　もしお金持ちだったら何をしますか？
　Wenn ich reich wäre, würde ich eine Weltreise machen.　もしお金持ちだったら世界旅行をするのに。
　Wenn ich doch mehr Geld hätte!　　もっとお金があればなあ！
　Ohne dich könnte ich nicht mehr leben.　君がいなかったら生きていけないよ。

- 婉曲用法

　Könnten Sie das Fenster öffnen?　　窓を開けていただけますか？
　Ich hätte gern einen Kuchen.　　ケーキを一つ欲しいのですが。

Landeskunde

📘 コラム①　ドイツ料理

　6ページで各地の名物料理を紹介しました。このコラムでは、ドイツへ行ったら是非食べてみたい、典型的な料理を挙げてみます。最近は日本でも、ドイツレストラン、ドイツのハムやソーセージを扱う店、ドイツパンのお店などがあります。

①ソーセージ類：Currywurst カレーソーセージ（焼きソーセージにカレー粉とケチャップをかけたもの）、Weißwurst 白ソーセージ（ミュンヘンの名物料理。熱湯の中で温め、皮をむいて、はちみつ入りのマスタードをつけて食べる）、Nürnberger ニュルンベルガーソーセージ（ニュルンベルク名物。ハーブやスパイスのきいた焼きソーセージ）、など

②肉料理：Eisbein アイスバイン（塩漬けにした豚の脚をゆでた料理）、Schweinshaxe シュワインスハクセ（骨付きの豚のすね肉のロースト）、Schweinebraten ローストポーク、Sauerbraten ザウアーブラーテン（酢漬けの牛肉のロースト）、Roulade 肉のロール巻き

③本来はドイツ料理ではないが、定番の料理：Wiener Schnitzel 子牛のカツレツ、Gulasch グーラシュ（ハンガリー風パプリカ入り肉シチュー）

④麺類：Spätzle シュペッツレ（シュワーベン地方の卵麺ショートパスタ）

⑤ドイツ料理に使われる特徴的な野菜：Kohlrabi コールラビ、Grünkohl チリメンキャベツ、ケール、Weißer Spargel 白アスパラガス

　＊4月〜6月はアスパラガスの季節で、アスパラ料理はメイン料理になります。

⑥家庭料理：Kartoffelsalat ポテトサラダ、Bratkartoffel ジャーマンポテト、Sauerkraut ザウアークラウト（細長く切り、塩漬けにして発酵させた酸味のあるキャベツ。肉料理の付け合せ）、(Kartoffel-)Kloß（ジャガイモ）団子、Linsensuppe レンズマメのスープ、Zwiebelkuchen オニオンパイ

⑦お手製のデザート：Rote Grütze ローテグリュッツェ（赤いベリーを砂糖を入れて煮詰め、とろみをつけた北ドイツのデザート）、Rhabarber Kuchen ルバーブケーキ、Zwetschgen Kuchen プラムケーキ　＊ドイツでは手作りのケーキを良く作ります。

⑧パン：Brötchen ブレートヒェン（丸い小型パン）、Brezel ブレーツェル（8の字形をした固いパン）

　＊ドイツでは日本のようなトーストパンはあまり食べません。朝食には白いパンを、夕食には全粒粉やライ麦の入った黒っぽいパンを食べることが多いです。

Currywurst

Schnitzel

Brezel

Landeskunde

📕 コラム②　ドイツの祝祭日

　○印はドイツ共通の法定休日、△印はドイツ共通半日休日、＊は州によって休み（州法定休日）、無印は休日ではない、地方または全国的な祝祭日。

○ Neujahr（元旦）　1. Januar

＊ Heilige Dreikönige（公現祭、顕現日）　6. Januar

　 Karneval (Fasching)（カーニバル）

　 Weiberfastnacht（女のカーニバル）　灰の水曜日の6日前で、カーニバルの始まり。

　 Rosenmontag（薔薇の月曜日）　仮装パレードが町を練り歩く。

　 Aschermittwoch（灰の水曜日）　復活祭の46日前。この日から復活祭までの準備期間、断食をする。

○ Karfreitag（聖金曜日）　復活祭前の金曜日

○ Ostern（復活祭）　春分後最初の満月後の日曜日と月曜日

○ Maifeiertag（メーデー）　1. Mai

○ Christi Himmelfahrt（昇天祭）　復活祭の40日後

○ Pfingsten（聖霊降臨祭）　復活祭後第7日曜日と月曜日

＊ Fronleichnam（聖体の祝日）　聖霊降臨祭後第2木曜日

＊ Maria Himmelfahrt（マリア被昇天祭）　15. August

○ Tag der deutschen Einheit（ドイツ統一の日）　3. Oktober

○ Reformationstag（宗教改革記念日）　31. Oktober

＊ Allerheiligen（万聖節）　1. November

　 Martinstag（聖マルティヌスの祝日）　11. November

＊ Buß- und Bettag（贖罪祈禱日）　教会暦最後の日曜日前の水曜日

　 der erste Advent（第一アドヴェント）　クリスマスからさかのぼり4番目の日曜日

　 Nikolaustag（聖ニコラウスの祝日）　6. Dezember

△ Heiligabend（クリスマスイヴ）　24. Dezember

○ der erste Weihnachtstag（第一クリスマス）　25. Dezember

○ der zweite Weihnachtstag（第二クリスマス、Stefanitagオーストリア）　26. Dezember

△ Silvester（大みそか）　31. Dezember

コラム③　旅行

　ドイツ語圏には様々な世界遺産があります。

　ドイツの世界遺産は、ベルリンの博物館島やケルン大聖堂など、40余り。文化遺産のイメージが強いですが、リューゲン島の国立公園などに残っている古代ブナ林群やメッセル・ピット化石地域のような自然遺産もあります。

　オーストリアの世界遺産は、旧市街が文化遺産に指定されたウィーン歴史地区やザルツブルク歴史地区などが有名です。他にもハルシュタットやノイズィードラー湖などが文化的景観で世界遺産に登録されています。

　スイスの世界遺産でとても有名なのが、ユングフラウやアイガーを含むスイスアルプスです。他にも、ベルン旧市街やザンクト・ガレン修道院などの文化遺産が挙げられます。

　また、日本でも登録されたル・コルビュジエの建築作品が、ドイツのシュトゥットガルト、スイスのジュネーブとレマン湖畔にもあります。

　ドイツでは、「〜街道」という観光ルートがいくつも設定されています。よく知られているのは、ドイツ南部を縦断するロマンチック街道、ドイツ南部を横断してチェコのプラハに至る古城街道、グリム兄弟の足跡と童話・伝説の舞台をたどるメルヘン街道。他にも、世界遺産はもちろん、ワイン・温泉・おもちゃ・蒸気機関車など様々なテーマでルートが作られています。そうしたルートの多くは、自転車で回ることも想定した順路になっているようです。

　ドイツ観光局では、自転車や公共交通機関を利用した環境にやさしい旅行プランの提案もしています。オーストリアやスイスでも、アルプスの豊かな自然を体感できるようなルートやプランを提案しています。街の観光案内所でも、散策コースやガイドツアーを用意していることが多いです。観光案内所はたいてい駅前か市庁舎前の分かりやすいところにあるので、立ち寄ってみるとよいでしょう。

　　参考：　ドイツ観光局（日本語）　　　　http://www.germany.travel/jp
　　　　　　オーストリア政府観光局（日本語）　http://www.austria.info/jp
　　　　　　スイス政府観光局（日本語）　　　http://www.myswitzerland.com/ja

ユネスコ世界文化遺産、ヒルデスハイムの聖マリア大聖堂に茂る「千年のバラ」は9世紀に最初の教会が建てられた時から生えていたと伝えられている。1945年3月の空襲で焼失したかと思われたが、二か月後には再び芽吹き、町の象徴となっている。

メルヘン街道の町ハーメルンには、グリム伝説集にも記された笛吹き男の話が伝えられていて、市民が野外劇を上演している。伝説に関する碑文が残るこの家は「笛吹き男の家」と呼ばれている。

著者紹介
谷澤優子（たにざわ　ゆうこ）
電気通信大学，東京学芸大学附属国際中等教育学校ほか非常勤講師

白木和美（しらき　かずみ）
東京都立大学，東京学芸大学附属国際中等教育学校ほか非常勤講師

Gabriela Schmidt（ガブリエラ・シュミット）
日本大学教授

クラッセ！ ノイ　初級ドイツ語総合読本（CD付）

2018 年 3 月 10 日　第 1 刷発行
2024 年 3 月 30 日　第 7 刷発行

著　者 ⓒ　谷　澤　優　子
　　　　　白　木　和　美
　　　　　ガブリエラ・シュミット
発行者　　岩　堀　雅　己
印刷所　　壮栄企画株式会社

発行所　101-0052 東京都千代田区神田小川町 3 の 24
電話 03-3291-7811（営業部），7821（編集部）　株式会社　白水社
www.hakusuisha.co.jp
乱丁・落丁本は、送料小社負担にてお取り替えいたします。

振替 00190-5-33228　　Printed in Japan　　株式会社島崎製本

ISBN978-4-560-06421-4

▷本書のスキャン、デジタル化等の無断複製は著作権法上での例外を除き禁じられています。本書を代行業者等の第三者に依頼してスキャンやデジタル化することはたとえ個人や家庭内での利用であっても著作権法上認められておりません。

◆ 独和と和独が一冊になったハンディな辞典 ◆

パスポート独和・和独小辞典

諏訪 功 [編集代表] 太田達也／久保川尚子／境 一三／三ッ石祐子 [編集]

独和は見出し語数1万5千の現代仕様．新旧正書法対応で，発音はカタカナ表記．和独5千語は新語・関連語・用例も豊富．さらに図解ジャンル別語彙集も付く．学習や旅行に便利．　(2色刷) B小型　557頁　定価3520円 (本体3200円)

入門書・初級文法書

ドイツ語のしくみ《新版》
清野智昭 著
B6変型 146頁 定価1430円 (本体1300円)

言葉には「しくみ」があります．まず大切なのは全体を大づかみに理解すること．最後まで読み通すことができる画期的な入門書！

わたしのドイツ語 32のフレーズでこんなに伝わる
田中雅敏 著　　　　(2色刷)【CD付】
A5判 159頁 定価1870円 (本体1700円)

32のフレーズだけで気持ちが伝え合える！「わたし」と「あなた」の表現だけだから，すぐに使える．前代未聞のわかりやすさの「超」入門書！

スタート！ドイツ語A1
岡村りら／矢羽々 崇／山本 淳／渡部重美／
アンゲリカ・ヴェルナー 著 (2色刷)【CD付】
A5判 181頁 定価2420円 (本体2200円)

買い物や仕事，身近なことについて，簡単な言葉でコミュニケーションすることができる．全世界共通の語学力評価基準にのっとったドイツ語入門書．全18ユニット．音声無料ダウンロード．

スタート！ドイツ語A2
岡村りら／矢羽々 崇／山本 淳／渡部重美／
アンゲリカ・ヴェルナー 著 (2色刷)
A5判 190頁 定価2640円 (本体2400円)

短い簡単な表現で身近なことを伝えられる．話す・書く・聞く・読む・文法の全技能鍛える，新たな言語学習のスタンダード（ヨーロッパ言語共通参照枠）準拠．音声無料ダウンロード．

必携ドイツ文法総まとめ（改訂版）
中島悠爾／平尾浩三／朝倉 巧著 (2色刷)
B6判 172頁 定価1760円 (本体1600円)

初・中級を問わず座右の書！　初学者の便を考え抜いた文法説明や変化表に加え，高度の文法知識を必要とする人の疑問にも即座に答えるハンドブック．

**1日15分で基礎から中級までわかる
みんなのドイツ語**
荻原耕平／畠山 寛 著 (2色刷)
A5判 231頁 定価2420円 (本体2200円)

大きな文字でドイツ語の仕組みを1から解説．豊富な例文と簡潔な表でポイントが一目でわかる．困ったときに頼りになる一冊．

問題集

書き込み式 ドイツ語動詞活用ドリル
櫻井麻美 著
A5判 175頁 定価1320円 (本体1200円)

動詞のカタチを覚えることがドイツ語学習の基本．この本はよく使う基本動詞，話法の助動詞のすべての活用を網羅した初めての1冊．

ドイツ語練習問題3000題（改訂新版）
尾崎盛景／稲田 拓 著
A5判 194頁 定価1980円 (本体1800円)

ドイツ語の基本文法，作文，訳読をマスターするための問題集．各課とも基礎問題，発展問題，応用問題の3段階式で，学習者の進度に合わせて利用可能．

単語集

ドイツ語A1/A2 単語集
三ッ木道夫／中野英莉子 著
A5判 218頁 定価2640円 (本体2400円)

全見出し語に例文付き．略語，家族などの必須実用語彙とABC順の実践単語をもとに，日常生活に必要な基本語彙が効率的に身につく．

例文活用 ドイツ重要単語4000
(改訂新版) 羽鳥重雄／平塚久裕 編 (2色刷)
B小型 206頁 定価2200円 (本体2000円)

abc順配列の第一部では使用頻度の高い簡明な例文を付し，第二部では基本語・関連語を45場面ごとにまとめて掲げました．初級者必携．

検定対策

独検対策 4級・3級問題集（五訂版）
恒吉良隆 編著
A5判 200頁 定価2530円 (本体2300円)

実際の過去問を通して出題傾向を掴み，ドイツ語力を総合的に高める一冊．聞き取り対策も音声無料ダウンロードで万全．

新 独検対策4級・3級必須単語集
森 泉／クナウプ ハンス・J 著【CD2枚付】
四六判 223頁 定価2530円 (本体2300円)

独検4級・3級に必要な基本単語が300の例文で確認できます．付属CDには各例文のドイツ語と日本語を収録．聞き取り練習も用意．

重版にあたり，価格が変更になることがありますので，ご了承ください．

不規則変化動詞

不定詞	過去基本形	過去分詞	直説法現在	接続法 II
befehlen 命じる	**befahl**	**befohlen**	ich befehle du befiehlst er befiehlt	beföhle/ befähle
beginnen 始める, 始まる	**begann**	**begonnen**		begänne/ 稀 begönne
beißen 噛む	**biss** du bissest	**gebissen**		bisse
biegen 曲がる(s); 曲げる(h)	**b_og_**	**geb_o_gen**		b_ö_ge
bieten 提供する	**b_o_t**	**geb_o_ten**		b_ö_te
binden 結ぶ	**band**	**gebunden**		bände
bitten 頼む	**b_a_t**	**geb_e_ten**		b_ä_te
blasen 吹く	**blies**	**gebl_a_sen**	ich bl_a_se du bl_ä_st er bl_ä_st	bliese
bleiben とどまる(s)	**blieb**	**geblieben**		bliebe
braten (肉を)焼く	**briet**	**gebr_a_ten**	ich br_a_te du br_ä_tst er br_ä_t	briete
brechen 破れる(s); 破る(h)	**br_a_ch**	**gebrochen**	ich breche du brichst er bricht	br_ä_che
brennen 燃える, 燃やす	**brannte**	**gebrannt**		brennte
bringen もたらす	**brachte**	**gebracht**		brächte
denken 考える	**dachte**	**gedacht**		dächte
dringen 突き進む(s)	**drang**	**gedrungen**		dränge

不定詞	過去基本形	過去分詞	直説法現在	接続法 II
dürfen …してもよい	**durfte**	**gedurft/ dürfen**	ich darf du darfst er darf	dürfte
empfehlen 勧める	**empfahl**	**empfohlen**	ich empfehle du empfiehlst er empfiehlt	empföhle/ empfähle
essen 食べる	**a̲ß**	**gegessen**	ich esse du isst er isst	ä̲ße
fahren (乗物で)行く (s, h)	**fuhr**	**gefahren**	ich fahre du fährst er fährt	führe
fallen 落ちる(s)	**fiel**	**gefallen**	ich falle du fällst er fällt	fiele
fangen 捕える	**fing**	**gefangen**	ich fange du fängst er fängt	finge
finden 見つける	**fand**	**gefunden**		fände
fliegen 飛ぶ(s, h)	**flo̲g**	**geflo̲gen**		flöge
fliehen 逃げる(s)	**floh**	**geflohen**		flöhe
fließen 流れる(s)	**floss**	**geflossen**		flösse
fressen (動物が)食う	**fra̲ß**	**gefressen**	ich fresse du frisst er frisst	frä̲ße
frieren 寒い, 凍る (h, s)	**fro̲r**	**gefro̲ren**		fröre
geben 与える	**ga̲b**	**gege̲ben**	ich ge̲be du gi̲bst er gi̲bt	gäbe
gehen 行く(s)	**ging**	**gegangen**		ginge
gelingen 成功する(s)	**gelang**	**gelungen**	es gelingt	gelänge
gelten 通用する	**galt**	**gegolten**	ich gelte du giltst er gilt	gälte/ gölte

不定詞	過去基本形	過去分詞	直説法現在	接続法II
genießen 楽しむ	**genoss** du genossest	**genossen**		genösse
geschehen 起こる(s)	**geschah**	**geschehen**	es geschieht	geschähe
gewinnen 得る	**gewann**	**gewonnen**		gewönne/ gewänne
gießen 注ぐ	**goss** du gossest	**gegossen**		gösse
gleichen 等しい	**glich**	**geglichen**		gliche
graben 掘る	**gr<u>u</u>b**	**gegr<u>a</u>ben**	ich gr<u>a</u>be du gr<u>ä</u>bst er gr<u>ä</u>bt	gr<u>ü</u>be
greifen つかむ	**griff**	**gegriffen**		griffe
haben 持っている	**hatte**	**gehabt**	ich h<u>a</u>be du hast er hat	hätte
halten 保つ	**hielt**	**gehalten**	ich halte du hältst er hält	hielte
hängen 掛かっている	**hing**	**gehangen**		hinge
heben 持ちあげる	**h<u>o</u>b**	**geh<u>o</u>ben**		h<u>ö</u>be
heißen …と呼ばれる	**hieß**	**geheißen**		hieße
helfen 助ける	**half**	**geholfen**	ich helfe du hilfst er hilft	hülfe/ 稀 hälfe
kennen 知っている	**kannte**	**gekannt**		kennte
klingen 鳴る	**klang**	**geklungen**		klänge
kommen 来る(s)	**k<u>a</u>m**	**gekommen**		k<u>ä</u>me

不定詞	過去基本形	過去分詞	直説法現在	接続法 II
können …できる	**konnte**	**gekonnt/ können**	ich kann du kannst er kann	könnte
kriechen はう (s)	**kroch**	**gekrochen**		kröche
laden 積む	**lud**	**geladen**	ich l<u>a</u>de du l<u>ä</u>dst er l<u>ä</u>dt	lüde
lassen …させる, 放置する	**ließ**	**gelassen/ lassen**	ich lasse du l<u>ä</u>sst er l<u>ä</u>sst	ließe
laufen 走る, 歩く (s, h)	**lief**	**gelaufen**	ich laufe du l<u>ä</u>ufst er l<u>ä</u>uft	liefe
leiden 苦しむ	**litt**	**gelitten**		litte
leihen 貸す, 借りる	**lieh**	**geliehen**		liehe
lesen 読む	**l<u>a</u>s**	**gel<u>e</u>sen**	ich l<u>e</u>se du liest er liest	l<u>ä</u>se
liegen 横たわっている	**l<u>a</u>g**	**gel<u>e</u>gen**		läge
lügen 嘘をつく	**l<u>o</u>g**	**gel<u>o</u>gen**		löge
meiden 避ける	**mied**	**gemieden**		miede
messen 計る	**m<u>a</u>ß**	**gemessen**	ich messe du misst er misst	m<u>ä</u>ße
mögen 好む	**mochte**	**gemocht/ mögen**	ich m<u>a</u>g du m<u>a</u>gst er m<u>a</u>g	möchte
müssen …しなければ ならない	**musste**	**gemusst/ müssen**	ich muss du musst er muss	müsste
nehmen 取る	**nahm**	**genommen**	ich nehme du nimmst er nimmt	nähme
nennen 名づける	**nannte**	**genannt**		nennte

不定詞	過去基本形	過去分詞	直説法現在	接続法 II
preisen 称賛する	**pries**	**gepriesen**		priese
raten 助言する	**riet**	**geraten**	ich r<u>a</u>te du r<u>ä</u>tst er r<u>ä</u>t	riete
reißen 裂ける(s); 裂く(h)	**riss** du rissest	**gerissen**		risse
reiten 馬で行く(s, h)	**ritt**	**geritten**		ritte
rennen 駆ける(s)	**rannte**	**gerannt**		rennte
riechen におう	**roch**	**gerochen**		röche
r<u>u</u>fen 呼ぶ, 叫ぶ	**rief**	**ger<u>u</u>fen**		riefe
schaffen 創造する	**sch<u>u</u>f**	**geschaffen**		sch<u>ü</u>fe
scheiden 分ける	**schied**	**geschieden**		schiede
scheinen 輝く, …に見える	**schien**	**geschienen**		schiene
schelten 叱る	**schalt**	**gescholten**	ich schelte du schiltst er schilt	schölte
schieben 押す	**sch<u>o</u>b**	**gesch<u>o</u>ben**		sch<u>ö</u>be
schießen 撃つ, 射る	**schoss** du schossest	**geschossen**		schösse
schl<u>a</u>fen 眠る	**schlief**	**geschl<u>a</u>fen**	ich schl<u>a</u>fe du schl<u>ä</u>fst er schl<u>ä</u>ft	schliefe
schl<u>a</u>gen 打つ	**schlug**	**geschl<u>a</u>gen**	ich schl<u>a</u>ge du schl<u>ä</u>gst er schl<u>ä</u>gt	schl<u>ü</u>ge
schließen 閉じる	**schloss** du schlossest	**geschlossen**		schlösse

不定詞	過去基本形	過去分詞	直説法現在	接続法 II
schneiden 切る	**schnitt**	**geschnitten**		schnitte
erschrecken 驚く	**erschrak**	**erschrocken**	ich erschrecke du erschrickst er erschrickt	erschräke
schreiben 書く	**schrieb**	**geschrieben**		schriebe
schreien 叫ぶ	**schrie**	**geschrie[e]n**		schriee
schreiten 歩む (s)	**schritt**	**geschritten**		schritte
schweigen 黙る	**schwieg**	**geschwiegen**		schwiege
schwimmen 泳ぐ (s, h)	**schwamm**	**geschwommen**		schwömme/ schwämme
schwören 誓う	**schwor**	**geschworen**		schwüre/ 稀 schwöre
sehen 見る	**sah**	**gesehen**	ich sehe du siehst er sieht	sähe
sein ある, 存在する	**war**	**gewesen**	直説法現在　　接続法I ich bin　　sei du bist　　sei[e]st er ist　　　sei wir sind　　seien ihr seid　　seiet sie sind　　seien	wäre
senden 送る	**sandte/ sendete**	**gesandt/ gesendet**		sendete
singen 歌う	**sang**	**gesungen**		sänge
sinken 沈む (s)	**sank**	**gesunken**		sänke
sitzen 座っている	**saß**	**gesessen**		säße
sollen …すべきである	**sollte**	**gesollt/ sollen**	ich soll du sollst er soll	sollte

不定詞	過去基本形	過去分詞	直説法現在	接続法 II
sprechen 話す	**sprach**	**gesprochen**	ich spreche du sprichst er spricht	spräche
springen 跳ぶ(s, h)	**sprang**	**gesprungen**		spränge
stechen 刺す	**stach**	**gestochen**	ich steche du stichst er sticht	stäche
stehen 立っている	**stand**	**gestanden**		stünde/ stände
stehlen 盗む	**stahl**	**gestohlen**	ich stehle du stiehlst er stiehlt	stähle/ 稀 stöhle
steigen 登る(s)	**stieg**	**gestiegen**		stiege
sterben 死ぬ(s)	**starb**	**gestorben**	ich sterbe du stirbst er stirbt	stürbe
stoßen 突く(h); ぶつかる(s)	**stieß**	**gestoßen**	ich stoße du stößt er stößt	stieße
streichen なでる	**strich**	**gestrichen**		striche
streiten 争う	**stritt**	**gestritten**		stritte
tragen 運ぶ	**trug**	**getragen**	ich trage du trägst er trägt	trüge
treffen 出会う	**traf**	**getroffen**	ich treffe du triffst er trifft	träfe
treiben 駆りたてる	**trieb**	**getrieben**		triebe
treten 踏む(h); 歩む(s)	**trat**	**getreten**	ich trete du trittst er tritt	träte
trinken 飲む	**trank**	**getrunken**		tränke
tun する, 行う	**tat**	**getan**		täte

不定詞	過去基本形	過去分詞	直説法現在	接続法 II
verderben だめになる(s); だめにする(h)	**verdarb**	**verdorben**	ich verderbe du verdirbst er verdirbt	verdürbe
vergessen 忘れる	**vergaß**	**vergessen**	ich vergesse du vergisst er vergisst	vergäße
verlieren 失う	**verlor**	**verloren**		verlöre
wachsen 成長する(s)	**wuchs**	**gewachsen**	ich wachse du wächst er wächst	wüchse
waschen 洗う	**wusch**	**gewaschen**	ich wasche du wäschst er wäscht	wüsche
weisen 指示する	**wies**	**gewiesen**		wiese
wenden 向きを変える	**wandte/ wendete**	**gewandt/ gewendet**		wendete
werben 募集する	**warb**	**geworben**	ich werbe du wirbst er wirbt	würbe
werden …になる(s)	**wurde**	**geworden/** 受動 **worden**	ich werde du wirst er wird	würde
werfen 投げる	**warf**	**geworfen**	ich werfe du wirfst er wirft	würfe
wiegen 重さを量る	**wog**	**gewogen**		wöge
wissen 知っている	**wusste**	**gewusst**	ich weiß du weißt er weiß	wüsste
wollen 欲する	**wollte**	**gewollt/ wollen**	ich will du willst er will	wollte
ziehen 引く(h); 移動する(s)	**zog**	**gezogen**		zöge
zwingen 強制する	**zwang**	**gezwungen**		zwänge

Klasse! Neu

語彙・表現と文法チェック

追加練習問題

白水社

LEKTION 1 〈語彙・表現と文法チェック〉

1 次の日本語をドイツ語に、日本語をドイツ語にしましょう。
(1) おはようございます。　　　　　　　　　　　　　　　　　
(2) こんにちは。　　　　　　　　　　　　　　　　　
(3) こんばんは。　　　　　　　　　　　　　　　　　
(4) おやすみなさい。　　　　　　　　　　　　　　　　　
(5) やあ！　　　　　　　　　　　　　　　　　
(6) ありがとう。　　　　　　　　　　　　　　　　　
(7) どういたしまして。　　　　　　　　　　　　　　　　　
(8) Auf Wiedersehen!　　　　　　　　　　　　　　　　　
(9) Tschüs!　　　　　　　　　　　　　　　　　
(10) Wie bitte?　　　　　　　　　　　　　　　　　
(11) Entschuldigung!　　　　　　　　　　　　　　　　　
(12) Macht nichts.　　　　　　　　　　　　　　　　　
(13) Wie geht es Ihnen?　　　　　　　　　　　　　　　　　
(14) Danke, gut! Und Ihnen?　　　　　　　　　　　　　　　　　
(15) Wie geht's?　　　　　　　　　　　　　　　　　
(16) Es geht.　　　　　　　　　　　　　　　　　

2 長く読む母音には（長）、短く読む母音には（短）と書きましょう。

G_uten M_orgen!　　　Danke sch_ön!
(　)　(　)　　　　(　)　(　)

3 次の動詞の意味を書き、人称変化させましょう。

	kommen 意味（　　）	wohnen 意味（　　）	heißen 意味（　　）	arbeiten 意味（　　）
ich				
du				
Sie				
er/sie/es				

LEKTION 2 〈語彙・表現と文法チェック〉

1 スペルの前後を組み合わせ、正しい国名を（　）内に書き、下線部に日本語の意味を書きましょう。

(1) Frank　　•　　• pan　　　（　　　　　）　_____

(2) Ital　　　•　　• na　　　　（　　　　　）　_____

(3) Ko　　　 •　　• reich　　　（　　　　　）　_____

(4) Ja　　　 •　　• land　　　 （　　　　　）　_____

(5) Öster　　•　　• rea　　　　（　　　　　）　_____

(6) Chi　　　•　　• reich　　　（　　　　　）　_____

(7) Deutsch •　　• ien　　　　（　　　　　）　_____

2 空欄を埋めましょう。

国	男性	女性	言語
Japan	Japaner	Japanerin	
Deutschland	Deutscher		Deutsch
Italien		Italienerin	Italienisch
China	Chinese		

3 次の動詞の意味を書き、人称変化させましょう。

	machen 意味（　　）	reisen 意味（　　）	warten 意味（　　）	sein 意味（　　）
ich				
du				
er/sie/es				
wir				
ihr				
sie/Sie				

LEKTION 3 〈語彙・表現と文法チェック〉

1 下線部に定冠詞 (der, die, das) を書き、(　) 内に日本語の意味を書きましょう。

(1) d___ Uhr (　　　　)　　(2) d___ Buch (　　　　)
(3) d___ Tisch (　　　　)　　(4) d___ CD (　　　　)
(5) d___ Computer (　　　　)　　(6) d___ Radiergummi (　　　　)
(7) d___ Handtuch (　　　　)　　(8) d___ Handy (　　　　)
(9) d___ Bleistift (　　　　)　　(10) d___ Zeitschrift (　　　　)
(11) d___ Kugelschreiber (　　　　)　　(12) d___ Zeitung (　　　　)
(13) d___ Regenschirm (　　　　)　　(14) d___ Portmonee (　　　　)
(15) d___ Kamera (　　　　)　　(16) d___ Auto (　　　　)
(17) d___ Baum (　　　　)　　(18) d___ Blume (　　　　)
(19) d___ Garten (　　　　)　　(20) d___ Stuhl (　　　　)
(21) d___ CD-Spieler (　　　　)　　(22) d___ Fernseher (　　　　)
(23) d___ Wagen (　　　　)　　(24) d___ Heft (　　　　)
(25) d___ Tasche (　　　　)　　(26) d___ Brille (　　　　)
(27) d___ DVD (　　　　)　　(28) d___ Schere (　　　　)

2 下線部に適当な冠詞を、(　) 内には人称代名詞を書きましょう。

	男性名詞	女性名詞	中性名詞	複数形
定冠詞 (英the)	_____ Tisch	_____ Uhr	_____ Buch	_____ Bücher
不定冠詞 (英a, an)	_____ Tisch	_____ Uhr	_____ Buch	Bücher
否定冠詞 (英no)	_____ Tisch	_____ Uhr	_____ Buch	_____ Bücher
人称代名詞 (それ、それら)	(　　　)	(　　　)	(　　　)	(　　　)

LEKTION 4 〈語彙・表現と文法チェック〉

1 縦の列、横の行を見て、単語（食べ物、飲み物）を探してみましょう。
ヒント：14個。

U	F	I	S	C	H	H	U	L	F	O	L	V
A	G	K	X	U	V	M	E	L	O	N	E	P
F	B	U	A	R	F	I	T	K	W	M	O	N
M	I	N	E	R	A	L	W	A	S	S	E	R
H	E	G	H	Y	W	C	Z	P	Y	A	S	E
E	R	C	N	W	K	H	J	F	P	H	Q	I
S	R	A	M	U	N	U	T	E	H	N	U	S
D	W	I	B	R	O	T	I	L	A	E	I	T
J	V	C	X	S	S	I	B	V	P	R	G	K
S	A	L	A	T	O	M	A	T	E	L	D	A

2 次の動詞・助動詞の意味を書き、人称変化させましょう。

	haben 意味（　　）	möchte 意味（　　）	bekommen 意味（　　）	bezahlen 意味（　　）
ich				
du				
er/sie/es				
wir				
ihr				
sie/Sie				

3 ドイツ語にしましょう。
(1) お勘定をお願いします。　　_____
(2) 別々にお願いします。　　　_____
(3) お釣りは結構です。　　　　_____

LEKTION 5 〈語彙・表現と文法チェック〉

1 次の家系図を見ながら、後の文の（　）内に適当な親族名称を入れましょう。

```
            Tadashi ── Keiko
        ┌──────┬─────────┐
Akira ── Miho   Koji ── Saki   Keiichi
  ┌──┬──┐         ┌──┬──┐
Ken (ich) Yuka   Satoshi  Moe
```

(1) Ich habe eine (　　　　　) und einen (　　　　　).
(2) Meine (　　　　　) hat zwei Geschwister. Sie heißen Keiichi und Saki.
(3) Ich habe zwei (　　　　　). Sie heißen Koji und Keiichi.
(4) Meine (　　　　　) hat zwei (　　　　　), Moe und Satoshi.
(5) Satoshi ist mein (　　　　　).

2 次の表を埋めましょう。

	この机	この時計	この本	これらの本（複数）
1格（〜が）	dieser Tisch		dieses Buch	diese Bücher
4格（〜を）		diese Uhr		

	どの机	どの時計	どの本	どの本（複数）
1格（〜が）	welcher Tisch			
4格（〜を）				

	私の父	私の母	私の子供	私の両親（複数）
1格（〜が）	mein Vater	meine Mutter		meine Eltern
4格（〜を）			mein Kind	

	彼の父	彼の母	彼の子供	彼の両親（複数）
1格（〜が）	sein Vater			
4格（〜を）				

LEKTION 6 〈語彙・表現と文法チェック〉

1 次の動詞と結びつくものを下の語群から選んで記号で書きましょう。

(1) gehen   (   )
(2) fahren (   )
(3) hören   (   )
(4) lesen   (   )
(5) spielen (   )
(6) machen (   )

| a) Klavier | b) ins Kino | c) Rad | d) Karate | e) Krimis | f) Ski |
| g) Musik | h) Romane | i) Fußball | j) spazieren | k) Rock | l) Judo |

2 次の動詞の意味と、単数の現在人称変化を書きましょう。

(1) fahren 意味(   )   (2) schlafen 意味(   )   (3) tragen 意味(   )
  ich _____   ich _____   ich _____
  du _____   du _____   du _____
  er/sie/es _____   er/sie/es _____   er/sie/es _____

(4) essen 意味(   )   (5) sprechen 意味(   )   (6) geben 意味(   )
  ich _____   ich _____   ich _____
  du _____   du _____   du _____
  er/sie/es _____   er/sie/es _____   er/sie/es _____

(7) lesen 意味(   )   (8) sehen 意味(   )   (9) nehmen 意味(   )
  ich _____   ich _____   ich _____
  du _____   du _____   du _____
  er/sie/es _____   er/sie/es _____   er/sie/es _____

(10) werden 意味(   ) (11) wissen 意味(   )
  ich _____   ich _____
  du _____   du _____
  er/sie/es _____   er/sie/es _____

LEKTION 7 〈語彙・表現と文法チェック〉

1 次の、身につけるものに関する名詞に定冠詞をつけ、単数名詞と複数名詞に分けてみましょう。

Kleid　Hose　Socken　Anzug　Jacke　Schuhe
Mantel　Krawatte　Hemd　Ohrringe　Pullover
T-Shirt　Ring　Bluse　Rock　Handschuhe

単数名詞	複数名詞

2 人称代名詞の表を埋めましょう。

1格 (〜は)	ich 私	du 君	er 彼	sie 彼女	es それ	wir 私たち	ihr 君たち	sie 彼ら	Sie あなた(方)
3格 (〜に)	mir		ihm				euch		Ihnen
4格 (〜を)	mich	dich		sie	es			sie	

3 ( )内の語を適当な形にして下線部に入れ、日本語にしましょう。

(1) aus ＿＿＿＿＿＿ (das Haus)　訳 ＿＿＿＿＿＿＿＿＿
(2) bei ＿＿＿＿＿＿ (die Post)　訳 ＿＿＿＿＿＿＿＿＿
(3) mit ＿＿＿＿＿＿ (meine Freundin)　訳 ＿＿＿＿＿＿＿＿＿
(4) nach ＿＿＿＿＿＿ (das Essen)　訳 ＿＿＿＿＿＿＿＿＿
(5) seit ＿＿＿＿＿＿ (eine Woche)　訳 ＿＿＿＿＿＿＿＿＿
(6) von ＿＿＿＿＿＿ (die Schule)　訳 ＿＿＿＿＿＿＿＿＿
(7) zu ＿＿＿＿＿＿ (der Bahnhof)　訳 ＿＿＿＿＿＿＿＿＿

LEKTION 8 〈語彙・表現と文法チェック〉

1 下線部にスペルを補って単語を作り、（ ）内に日本語の意味も書きましょう。

(1) Kir__he （   ）   (2) Ra__haus （   ）
(3) Muse__m （   ）   (4) Ki__sk   （   ）
(5) Poli__ei （   ）   (6) Resta__rant （   ）
(7) Apot__eke （   ）   (8) Ba__nhof （   ）
(9) The__ter （   ）   (10) Sch__le （   ）
(11) B__ckerei （   ）   (12) Bib__iothek （   ）

2 番号の表す位置を、（ ）内に入れましょう。

（ ） auf dem Haus
（ ） vor dem Haus
（ ） links neben dem Haus
（ ） hinter dem Haus

3 （ ）内の語を適当な形にして下線部に入れ、日本語にしましょう。

(1) durch _____ (die Stadt)   訳 _____
(2) um _____ (der Baum)   訳 _____
(3) für _____ (wir)   訳 _____
(4) ohne _____ (du)   訳 _____

LEKTION 9 〈語彙・表現と文法チェック〉

1 左の語句と右の動詞を線で結びましょう。動詞は何度使ってもかまいません。

(1) einen Ausflug •
(2) ans Meer •
(3) eine Schifffahrt •
(4) ein Seminar •
(5) ein Referat •
(6) den Führerschein •
(7) die Eltern •
(8) Camping •
(9) für die Prüfung •
(10) in die Berge •

• lernen

• machen

• fahren

• schreiben

• besuchen

2 次の話法の助動詞の意味を書き、現在人称変化させましょう。

(1) können 意味(　　　)
ich _____
du _____
er/sie/es _____
wir _____
ihr _____
sie/Sie _____

(2) müssen 意味(　　　)
ich _____
du _____
er/sie/es _____
wir _____
ihr _____
sie/Sie _____

(3) dürfen 意味(　　　)
ich _____
du _____
er/sie/es _____
wir _____
ihr _____
sie/Sie _____

(4) wollen 意味(　　　)
ich _____
du _____
er/sie/es _____
wir _____
ihr _____
sie/Sie _____

(5) sollen 意味(　　　)
ich _____
du _____
er/sie/es _____
wir _____
ihr _____
sie/Sie _____

(6) mögen 意味(　　　)
ich _____
du _____
er/sie/es _____
wir _____
ihr _____
sie/Sie _____

LEKTION 10 〈語彙・表現と文法チェック〉

1 身体の部分を表す語の意味を下線部に書き、（　）内には複数形を書きましょう。

(1) der Kopf _____
(2) das Auge _____ (die　　　　)
(3) das Haar _____ (die　　　　)
(4) das Ohr _____ (die　　　　)
(5) die Nase _____
(6) der Zahn _____ (die　　　　)
(7) der Mund _____
(8) der Hals _____
(9) die Schulter _____ (die　　　　)
(10) die Brust _____
(11) der Ellbogen _____ (die　　　　)
(12) der Arm _____ (die　　　　)
(13) der Rücken _____
(14) der Finger _____ (die　　　　)
(15) die Hand _____ (die　　　　)
(16) der Bauch _____
(17) das Knie _____ (die　　　　)
(18) das Bein _____ (die　　　　)
(19) der Fuß _____ (die　　　　)
(20) die Zehe _____ (die　　　　)

2 再帰代名詞の表を埋めましょう。

	単数			複数			敬称
	1人称	2人称	3人称	1人称	2人称	3人称	2人称
	ich	du	er/sie/es	wir	ihr	sie	Sie
3格							
4格							

LEKTION 11 〈語彙・表現と文法チェック〉

1 動詞の三基本形を作りましょう。

不定詞	過去基本形	過去分詞
wohnen		
warten		
bringen		
gehen		
essen		
sein		
haben		
bekommen		
studieren		
anrufen		
abfahren		

2 次の過去分詞を用いて現在完了形を作る場合に、助動詞は haben を使うか sein を使うか、分類しましょう。

gemacht, besucht, gegangen, gefahren, gegessen, gekocht, geblieben, geschrieben, ferngesehen, aufgestanden, zurückgekommen, studiert, geworden, genommen

（haben）→

（sein）　→

LEKTION 12 〈語彙・表現と文法チェック〉

1 次の天気を書いてみましょう。

(1) Es ist (　　　). / Die Sonne (　　)

(2) Es ist (　　　).

(3) Es ist (　　　).

(4) Es (　　　).

(5) Es (　　　).

(6) Es ist (　　　). Es ist (　　) ein Grad.

(7) Es ist (　　　). Es (　　) fünfunddreißig Grad.

2 比較級・最上級の表を完成させましょう。

原級	意味	比較級	最上級
klein			
alt			
neu			
groß			
hoch			
nett			
gut			
viel			
gern			

LEKTION 1 〈追加練習問題〉

1 線で結んで、正しい文を作りましょう。

(1) Ich • • wohnt • • Sie?
(2) Du • • heiße • • du?
(3) Wie • • heißen • • aus Hamburg.
(4) Wo • • wohnst • • in Tokyo.
(5) Er • • kommst • • Satoshi.

2 下線部に適当な語尾を補いましょう。

(1) Wie heiß____ Sie? —Ich heiß____ Felix Meyer.
(2) Wie heiß____ du? —Ich heiß____ Thomas.
(3) Wie heiß____ er? —Er heiß____ Benni.
(4) Woher komm____ du? —Ich komm____ aus Deutschland.
(5) Wohn____ Sie in Berlin? —Nein, ich wohn____ jetzt in Hamburg.
(6) Wo arbeit____ du? —Ich arbeit____ in Tokyo.

3 下線部に適当な語を入れましょう。

(1) _____ Tag, Frau Weber! Wie _____ es Ihnen?
こんにちは、ヴェーバーさん！ お元気ですか？
—_____ , gut. Und _____ ?
—ありがとう、元気です。あなたは？

(2) Ich _____ Ayaka Nomura. _____ heißen Sie?
私は野村綾香といいます。あなたのお名前は？

(3) Ich _____ aus Tokyo. _____ kommst du?
私は東京の出身です。君はどこから来たの？

(4) _____ wohnst du?
—Ich _____ _____ Hamburg.
君はどこに住んでいるの？ —私はハンブルクに住んでいます。

(5) Klaus _____ aus Deutschland und _____ jetzt in Tokyo.
クラウスはドイツの出身で、今は東京に住んでいます。

4 質問に対する自分の答えをドイツ語で書きましょう。
(1) Wie heißen Sie?　_____
(2) Woher kommen Sie?　_____
(3) Wo wohnen Sie?　_____
(4) Wie geht es Ihnen?　_____

5 次の文を並べ替えて、会話を完成させましょう。
(1) Ich heiße Maria Schulz. Freut mich!
(2) Ich komme aus Bremen. Und Sie?
(3) Nein, ich arbeite in Hamburg.
(4) Guten Morgen! Ich heiße Klaus Bauer. Wie heißen Sie?
(5) Ich komme auch aus Bremen. Arbeiten Sie in Bremen?
(6) Woher kommen Sie, Frau Schulz?
答え：(　) → (　) → (　) → (　) → (　) → (　)

6 作文しましょう。
(1) こんにちは、中村さん（男）。私はベニー・クレーマー（Benni Kremer）といいます。
_____

(2) 彼はベルリン（Berlin）の出身で、今はハンブルク（Hamburg）に住んでいます。
_____

7 次の3つの文が同じ意味になるように書き出しの単語を変えて書き換えましょう。

Ich wohne jetzt in Hamburg.
= Jetzt _____
= In Hamburg _____

LEKTION 2 〈追加練習問題〉

1 正しい方に○をつけましょう。
(1) Er ist (a. Japaner　　b. Japanerin).
(2) Sie ist (a. Deutscher　　b. Deutsche).
(3) Sie ist (a. Französin　　b. Franzose).
(4) Er ist (a. Hausmann　　b. Hausfrau).

2 次の職業名と専攻を結びつけましょう。
(1) Arzt　　　　　　(　) 　　(a) Technik
(2) Deutschlehrer　(　) 　　(b) Medizin
(3) Ingenieur　　　(　) 　　(c) Jura
(4) Klavierspieler　(　) 　　(d) Germanistik
(5) Beamter　　　　(　) 　　(e) Musik

3 左の文と右の文を結びつけましょう。
(1) Was sind Sie von Beruf?　(　) 　　(a) Nein, er ist Lehrer.
(2) Bist du Chinese?　　　　(　) 　　(b) Ich lerne Deutsch.
(3) Studierst du Jura?　　　(　) 　　(c) Ich bin Arzt.
(4) Ist er Ingenieur?　　　　(　) 　　(d) Ja, ich bin Chinese.
(5) Was lernen Sie?　　　　 (　) 　　(e) Nein, ich studiere Literatur.

4 次の数字を書きましょう。
(1) zwölf　　　　　　(　　　)
(2) sechzehn　　　　(　　　)
(3) dreißig　　　　　(　　　)
(4) neunundfünfzig　(　　　)
(5) achtundsiebzig　(　　　)

5 （　）内の動詞を適当な形に直して下線部を埋めましょう。

(1) _____ du Schüler? —Nein, ich _____ Student. (sein)
君は生徒ですか？　——いいえ、私は学生です。

(2) Wie alt _____ Sie? —Ich _____ fünfundvierzig. (sein)
あなたは何歳ですか？　——私は45歳です。

(3) _____ Satoshi freundlich? —Ja, er _____ sehr freundlich. (sein)
サトシは親切ですか？　——はい、彼はとても親切です。

(4) Woher _____ Ayaka und Satoshi? —Sie _____ aus Japan. (kommen)
綾香とサトシはどこの出身ですか？　——彼らは日本の出身です。

(5) Was _____ ihr? —Wir _____ Deutsch. (lernen)
君たちは何を学んでいるの？　——私たちはドイツ語を学んでいます。

(6) Was _____ du? —Ich _____ Literatur. (studieren)
君は大学で何を専攻しているの？　——私は文学を専攻しています。

(7) _____ ihr in Hamburg? —Nein, wir _____ in Bremen. (arbeiten)
君たちはハンブルクで働いているの？　——いいえ、ブレーメンで働いています。

6 質問に対する自分の答えをドイツ語で書きましょう。

(1) Sind Sie Japaner/Japanerin?　_____
(2) Wie alt sind Sie?　_____
(3) Was sind Sie von Beruf?　_____
(4) Was studieren Sie?　_____
(5) Was lernen Sie?　_____

7 作文しましょう。

(1) 君たちは何を大学で専攻しているのですか？
——私たちは法律を専攻していて、フランス語も学んでいます。
_____

(2) 中村さんの職業は何ですか？　——彼はエンジニアで、東京で働いています。
_____

LEKTION 3 〈追加練習問題〉

1 誤りを含む左の文を正しく直しましょう。

falsch（誤）	richtig（正）
(1) Gute Morgen.	
(2) Wohnst du Tokyo?	
(3) Ich heißen Thomas.	
(4) Er ist Deutsche.	
(5) Das sind drei Bleistift.	
(6) Das ist eine Tisch.	

2 下線部には適当な冠詞を、（　）内には適当な人称代名詞を入れましょう。

(1) Ist das _____ Computer? —Ja, das ist _____ Computer.
　　これはコンピューター(男)ですか？　——はい、これはコンピューターです。

(2) Ist das ___ Tasche? —Nein, das ist ___ Tasche, sondern ___ Rucksack.
　　これはカバン(女)ですか？　——いいえ、カバンではありません、リュックサック(男)です。

(3) Was ist das? —Das ist _____ Handy.
　　これは何ですか？　——これは携帯電話(中)です。

　　Ist _____ Handy leicht? — Ja, (　　　) ist sehr leicht.
　　その携帯電話は軽いですか？　——はい、それはとても軽いです。

(4) Was ist das? —Das ist _____ Uhr.　これは何ですか？－これは時計(女)です。
　　Ist _____ Uhr kaputt? —Ja, (　　　) ist kaputt.
　　その時計は壊れていますか？　——はい、それは壊れています。

(5) Was ist das? —Das ist _____ Kuli.
　　これは何ですか？　——これはボールペン(男)です。

　　Ist _____ Kuli teuer? —Ja, (　　　) ist ein bisschen teuer.
　　そのボールペンは高いですか？　——はい、それはちょっと高いです。

(6) Was ist das? —Das sind DVDs. これは何ですか？　——DVD(複)です。
　　Sind _____ DVDs interessant? —Ja, (　　　) sind sehr interessant.
　　それらのDVDは面白いですか？　——はい、それらはとても面白いです。

3 下線部を複数形にして、文を書き換えましょう。

(1) Das Buch ist gut.　_____

(2) Die Blume ist schön.　_____

(3) Der Computer ist neu.　_____

(4) Das Heft ist groß.　_____

4 （　）内の語を参考に、次の日本語をドイツ語にしましょう。動詞は人称変化させてください。

(1) これを英語で何と言いますか？

(wie / auf Englisch / das / heißen)?

_____

(2) レナーテは学生ではなく、先生です。

(Renate / keine Studentin / Lehrerin / sein / , / sondern).

_____

(3) そこに何人の子供がいますか？——8人います。

(wie viele / Kinder / da / sein)？—(Da / acht / Kinder / sein).

_____

(4) そのテーブルと椅子（複数）は安いですが便利です。

(der Tisch / die Stühle / und / aber / billig / praktisch / sein).

_____

LEKTION 4 〈追加練習問題〉

1 仲間ではない単語に○をつけましょう。
(1) a. Kaffee　　b. Limonade　　c. Apfelsaft　　d. Kuchen
(2) a. Schinken　b. Wurst　　　c. Zwiebel　　d. Hähnchen
(3) a. Ei　　　　b. Butter　　　c. Milch　　　d. Joghurt
(4) a. Erdbeere　b. Käse　　　　c. Banane　　d. Orange
(5) a. Möhre　　b. Brot　　　　c. Spinat　　　d. Tomate

2 （　）内の動詞・助動詞を現在人称変化させて下線部に入れましょう。
(1) _____ du Durst? —Ja, ich _____ Durst. (haben)
君はのどが渇いているの？　——ええ、のどが渇いています。
(2) Thomas und Lisa _____ Hunger, aber Ayaka _____ keinen Hunger. (haben)
トーマスとリーザはお腹がすいているが、綾香はすいていない。
(3) _____ ihr jetzt Zeit? —Nein, wir _____ keine Zeit. (haben)
君たちは今時間があるの？　——いいえ、私たちは時間がありません。
(4) Was _____ Sie? —Ich _____ eine Tomate und zwei Äpfel. (möchte)
何が欲しいのですか？　——トマト一つとリンゴ二つ欲しいです。
(5) _____ die Kinder Schokolade? —Ja, sie _____ viel Schokolade. (möchte)
子供たちはチョコレートが欲しいのですか？　——はい、彼らはたくさんのチョコレートが欲しいです。
(6) Was _____ Sie? (bekommen) —Ich _____ einen Kuchen und einen Kaffee. (nehmen)
何になさいますか？　——ケーキ一つとコーヒーを一杯お願いします。

3 下線部に適当な冠詞類の語尾を入れましょう。必要ない場合は×をつけること。
(1) Hier habe ich ein____ Apfel und ein____ Tomate. D____ Tomate ist aus Italien und sehr gut. Da sind Erdbeeren. D____ Erdbeeren sind frisch. Ich esse gern Erdbeeren.
ここに私はリンゴ（男）一つとトマト（女）一つを持っています。そのトマトはイタリア産でとても美味しいです。そこにイチゴ（複）があります。それらのイチゴは新鮮です。私はイチゴが好きです。

(2) Ich möchte ein___ Brötchen und ein___ Banane, aber kein___ Ei. Und ich trinke ein___ Milch und ein___ Kaffee. Ich möchte noch ein___ Kuchen.
私は丸い小型パン(中)を一つとバナナ(女)を一本欲しいですが、卵(中)は欲しくありません。そして牛乳(女)一杯とコーヒー(男)を飲みます。ケーキ(男)も食べたいです。

4 次の文を並べ替えて、会話を完成させましょう。
(1) Gut. Die Uhr nehme ich.
(2) Ich möchte die Uhr dort. Was kostet die Uhr?
(3) Danke schön! Auf Wiedersehen!
(4) Guten Tag! Bitte schön?
(5) Die Uhr kostet 85 Euro.
(6) Auf Wiedersehen!
答え：(　　) → (　　) → (　　) → (　　) → (　　) → (　　)

5 (　) 内に、Ja, Nein, Doch を選んで入れましょう。
(1) Ist das eine Zeitschrift? — (　　　　), das ist eine Zeitschrift.
これは雑誌ですか？ ——はい、これは雑誌です。
(2) Sind Sie kein Japaner? — (　　　　), ich bin Japaner.
あなたは日本人ではないのですか？ ——いいえ、日本人です。
(3) Ist das kein Wörterbuch? — (　　　　), das ist kein Wörterbuch.
これは辞書ではないのですか？ ——はい、これは辞書ではありません。
(4) Bist du nicht müde? — (　　　　), ich bin müde.
君は疲れていないの？ ——いや、疲れているよ。
(5) Ist der CD-Spieler kaputt? — (　　　　), er ist nicht kaputt.
その CD プレーヤーは壊れていますか？ ——いいえ、壊れていません。

6 次の質問の答えとなるよう、下線部を埋めましょう。
(1) Sie wünschen? — _____ einen Apfel.
(2) Was kostet der Apfel? — _____ einen Euro fünfzig.
(3) Hast du keinen Hunger? —Doch, _____.

LEKTION 5 〈追加練習問題〉

1 下線部に適当な所有冠詞を入れましょう。語尾はついています。
(1) _____ Name ist Ayaka Nomura.　　私の名前(男)は野村綾香です。
(2) Das ist _____e Mutter.　　これは私の母です。
(3) Wo wohnen _____e Eltern?　　君の両親(複)はどこに住んでいるの？
(4) Thomas besucht _____e Großmutter.　トーマスは彼の祖母を訪問する。
(5) Ayaka findet _____en Vater streng.　綾香は彼女の父親が厳しいと思う。
(6) Wo ist _____e Schule?　　君たちの学校(女)はどこにありますか？
(7) Ich finde _____en Lehrer sehr freundlich.
　　　　　　　　　　　　　　私は彼らの先生(男)がとても親切だと思う。

2 例のように（　名詞　格）を確認し、適当な所有冠詞を用いて日本語をドイツ語にしましょう。

(例) 私の父が　　　　　　（　男性名詞　1格）　mein Vater _____
(1) 私の母が　　　　　　（　　名詞　　格）　_____
(2) 君のお父さんが　　　（　　名詞　　格）　_____
(3) 彼のお兄さんを　　　（　　名詞　　格）　_____
(4) 彼女のお姉さんを　　（　　名詞　　格）　_____
(5) 私たちの両親が　　　（　　名詞　　格）　_____
(6) 彼らのお母さんを　　（　　名詞　　格）　_____
(7) あなたの子供が　　　（　　名詞　　格）　_____

3 下線部に適当な語尾を補ってみましょう。必要ない場合は×をつけること。
(1) Dies____ Uhr ist teuer. Möchtest du aber dies____ Uhr?
　　この時計(女)は高い。でも君はこの時計が欲しいの？
(2) Welch____ Kuchen kaufen Sie? —Ich kaufe dies____ Kuchen hier.
　　どのケーキ(男)を買いますか？――ここにあるこのケーキを買います。
(3) Ich kenne jed____ Kind.
　　私は各々の子供 (中) を知っています。
(4) Ich besuche all____ Freunde in Deutschland.
　　私はドイツにいる全ての友人(複)を訪ねます。

4 下線部を人称代名詞を使って、全文を書き換えましょう。

(1) Die Mutter kauft das Auto.

(2) Wir finden unseren Lehrer sehr lustig.

(3) Die Blumen sind sehr schön. Ich kaufe die Blumen.

5 日本語をドイツ語にしましょう。

(1) 君はきょうだいがいるの？　——うん、兄が一人いて、サトシと言うんだ。

(2) どの車が欲しいですか？　——この車です。

(3) 彼女のボーイフレンドをどう思いますか？　——とても感じの良い (nett) 人だと思います。

(4) あなたの叔母さんをどう思いますか？　——私は彼女をとても勤勉だと思います。

6 あなたが、nie (決してしない)、selten (めったにしない)、manchmal (時々する)、oft (よくする)、meistens (たいていする)、immer (いつもする) ことを書いてみましょう。

nie	
selten	
manchmal	
oft	
meistens	
immer	Ich mache immer Hausaufgaben.

LEKTION 6 〈追加練習問題〉

1 （ ）内の動詞を適当な形にかえて下線部に入れ、文を日本語にしましょう。
(1) Er _____ gern Rad. (fahren)　　　　　　　　　_____
(2) Wohin _____ du jetzt? (fahren)　　　　　　　_____
(3) Ayaka _____ oft Gemüse. (essen)　　　　　　_____
(4) Du _____ sehr gut Englisch. (sprechen)　　　　_____
(5) _____ du diesen Roman? (lesen)　　　　　　_____
(6) _____ du den Mann dort? (sehen)　　　　　_____
(7) _____ er einen Film? (sehen)　　　　　　　_____
(8) _____ Thomas schon lange? (schlafen)　　　_____
(9) Ayaka _____ eine Tasche. (nehmen)　　　　_____
(10) Mein Bruder _____ Ingenieur. (werden)　　_____

2 Sie に対する命令文を、du、ihr に対する命令文に書き換えましょう。
(1) Lernen Sie fleißig Deutsch! 一生懸命にドイツ語を学んでください。
　　du → _____
　　ihr → _____
(2) Sprechen Sie nicht so laut! そんなに大きな声で話さないでください。
　　du → _____
　　ihr → _____
(3) Lesen Sie mehr Bücher! もっと本を読んでください。
　　du → _____
　　ihr → _____

3 （ ）内に sein を適当な形に直して入れ、命令文を作りましょう。
(1) (　　　) Sie bitte ruhig!　　　　　どうか静かにしてください。
(2) (　　　) artig, Katrin und Peter!　カートリンとペーター、お行儀よくしなさい。
(3) (　　　) fleißig, Ayaka!　　　　　綾香、真面目にしなさい。

4 作文しましょう。

(1) 私はコーヒーはあまり好きではありません。紅茶のほうがむしろ好きです。

(2) 私の趣味は絵を描くことです。——あなたはどんな絵（was für Bilder）を描くのですか？

(3) どうか静かに（ruhig）して！大きな声で（laut）話さないで！（du で）

5 次の文を読んで日本語に訳しましょう。

Herr und Frau Bauer machen gern Gartenarbeit. In ihrem Garten wachsen Bäume und Blumen. Herr Bauer malt gern Blumen im Garten. Er geht oft spazieren und macht Fotos von Blumen im Park. Im Herbst fallen viele Äpfel im Garten. Frau Bauer bäckt Apfelkuchen.

LEKTION 7 〈追加練習問題〉

1 下線部に適当な語尾を入れましょう。

(1) Ich schicke mein____ Freund d____ Mail.
    私はボーイフレンドにメール（囡）を送る。

(2) Wir schenken unser____ Eltern dies____ Blumen.
    私たちは両親（複）にこれらの花（複）を贈る。

(3) Ayaka fährt mit ihr____ Freundin nach Italien.
    綾香は女友達とイタリアへ行く。

2 （ ）内に適切な語を入れて文を完成させましょう。

(1) Thomas kauft (   ) Mutter Blumen.　トーマスは彼の母親に花を買う。

(2) Meine Tante schenkt (   ) Bruder eine Krawatte.
    私の叔母は彼女の弟にネクタイを贈る。

(3) Gehört die Jacke (   ) Frau?　この上着はあなたの奥さんのものですか？

(4) Die Schuhe gefallen (   ) Vater.　その靴は私の父のお気に入りだ。

(5) (   ) gibst du den Kuchen?　君は誰にそのケーキをあげるの？

3 下線部を人称代名詞を使って、全文を書き換えましょう。

(1) <u>Die Verkäuferin</u> hilft <u>Thomas</u>.
    ------

(2) <u>Der Pullover</u> steht <u>meiner Tochter</u> sehr gut.
    ------

(3) Ich zeige <u>meinen Kindern</u> das Foto.
    ------

(4) Wir schenken unseren Eltern <u>das Buch</u>.
    ------

(5) Ayaka schenkt <u>ihrer Mutter</u> <u>einen Ring</u> zum Geburtstag.
    ------

4 適当な人称代名詞を入れましょう。

(1) Hilfst du oft deiner Mutter? — Ja, ich helfe (　　　) sehr oft.
　　君はよくお母さんを手伝うの？　——はい、とてもよく。

(2) Gefällt das Haus deinen Eltern? — Ja, (　　　) gefällt (　　　) sehr.
　　この家をご両親は気に入っているの？　——うん、とても。

5 文章を作ってみましょう。

(例) Was ist blau?　Der Himmel ist blau.
　　Mein T-Shirt ist blau.

(1) Was ist grün?　＿＿＿＿＿＿ ist grün.
　　Mein/Meine ＿＿＿＿＿＿ ist grün.

(2) Was ist gelb?　＿＿＿＿＿＿ ist gelb.
　　Mein/Meine ＿＿＿＿＿＿ ist gelb.

(3) Was ist rot?　＿＿＿＿＿＿ ist rot.
　　Mein/Meine ＿＿＿＿＿＿ ist rot.

(4) Was ist weiß?　＿＿＿＿＿＿ ist weiß.
　　Mein/Meine ＿＿＿＿＿＿ ist weiß.

6 作文しましょう。

(1) ご主人 (Mann) にクリスマスに (zu Weihnachten) 何をプレゼントするのですか？　——私は彼に CD をプレゼントします。

(2) この靴は誰のものですか？　——それは私の兄のものです。

(3) 君はどうやって (Womit) 学校まで通っているの？　——電車で (mit der Bahn)。

(4) あなたはどこに住んでいるのですか？　——私は私の姉の所に (bei) 住んでいます。

LEKTION 8 〈追加練習問題〉

1 下線部に適当な語尾を入れましょう。

(1) Wohin fahren Sie? —Ich fahre in d____ Stadt.
どこへ行くのですか？ ——町(囡)へ行きます。

(2) Wo sind Ayaka und Thomas? —Sie sind jetzt in d____ Stadt.
綾香とトーマスはどこにいるのですか？ ——今、町にいます。

(3) Wohin stelle ich den Wein? —Stellen Sie ihn bitte auf d____ Tisch!
どこにワインを置きましょうか？ ——テーブル(男)の上に置いてください。

(4) Wo steht unser Auto? —Es steht vor d____ Haus.
私たちの車はどこにありますか？ ——家(申)の前にあります。

(5) Wohin lege ich die Zeitung? —Legen Sie sie bitte auf d____ Sofa!
どこに新聞を置きましょうか？ ——ソファー(申)の上に置いてください。

(6) Wo liegt unsere Katze? —Sie liegt unter d____ Sofa.
私たちの猫はどこにいますか？ ——ソファーの下にいます。

2 次の分離動詞の意味を辞書で調べ、書きましょう。

ab|fahren (   ) – an|kommen (   ), zurück|kommen (   )
ein|steigen (   ) – um|steigen (   ) – aus|steigen (   ),
auf|machen (   ) – zu|machen (   ),
auf|stehen (   ), an|rufen (   ), fern|sehen (   )

3 下線部に（ ）内の分離動詞を入れ、訳しましょう。

(1) Der Zug _____ pünktlich um 5 Uhr in Tokyo _____. (an|kommen)
----

(2) Wir _____ in Frankfurt _____. (um|steigen)
----

(3) Bitte _____ Sie die Tür _____! (auf|machen)
----

(4) Mein Vater _____ jeden Tag zwei Stunden _____. (fern|sehen)
----

4 次の時刻を、公式（24時間制）と非公式（日常12時間制）の両方で読みましょう。

(1) 6.07 _____

(2) 13.55 _____

(3) 10.15 _____

(4) 14.30 _____

(5) 23.45 _____

(6) 9.25 _____

(7) 17.35 _____

5 作文しましょう。

(1) 彼は町へ行きます。彼はその町で働いています。

_____

(2) 私は6時に東京を（von Tokyo）出発して（abfahren）、8時半に大阪に（in Osaka）着きます（ankommen）。

_____

6 下線部に適した単語を入れ、（　）内に定冠詞を入れて会話を完成させましょう。

Die Information im Kaufhaus

4. Stock	Restaurant
3. Stock	Bücher, Zeitschriften, DVD
2. Stock	Herrenmode, Sportartikel
1. Stock	Damenmode, Kinderkleidung
Erdgeschoss	Schmuck, Schuhe
Untergeschoss	Lebensmittel, Delikatessen

Kunde: Entschuldigung, ich möchte Tennisschuhe und einen Tennis-schläger.

Verkäufer: Es gibt beides im _____, hinter (　　) Anzügen (複).

Kunde: Gibt es auch Bücher für Tennisspieler dort?

Verkäufer: Nein, die Bücher sind im _____, rechts neben (　　) DVDs (複).

Kunde: Danke, und wo gibt es Schinken und Käse?

Verkäufer: Sie sind im _____.

LEKTION 9 〈追加練習問題〉

1 （ ）内の助動詞を適当な形に変化させて下線部に入れ、訳しましょう。

(1) Was _____ Sie in den Ferien machen? (wollen)

(2) Wohin _____ du im Winter fahren? (möchte)

(3) _____ Herr Meyer Tennis spielen? (können)

(4) _____ wir schon nach Hause gehen? (dürfen)

(5) Hier _____ man kein Auto parken. (dürfen)

(6) Ihr _____ zum Arzt gehen. (müssen)

(7) _____ ich Sie am Abend anrufen? (sollen)

(8) _____ du keinen Fisch? (mögen)

2 次の質問にドイツ語で答えましょう。

(1) Was willst du in den Winterferien machen?

(2) Wohin möchtest du am Wochenende fahren?

(3) Kannst du gut Deutsch?

(4) Darf man in Japan im Zimmer die Schuhe anziehen?

3 （ ）内の語句を並べ替えて文を完成させましょう。

(1) 君は僕と一緒に映画館へ行く気がある？

＊ Lust haben, ＋ zu 不定詞句　　〜する気がある

(Lust / hast / du / , / mit mir / zu gehen / ins Kino)?

---

(2) 私はドイツ語を学ぶことは面白いと思う。

＊ es ... finden, ＋ zu 不定詞句　　〜することを…と思う

(finde / es / ich / , / interessant / zu lernen / Deutsch).

---

(3) 人は生きるために働かなければならない。

＊ um ... zu 〜　　〜するために（目的）

(arbeiten / um / man / , / muss / zu / leben).

---

4 次の文を読んで日本語に訳しましょう。

Barbara und Christine planen eine Fahrradtour in den Ferien. Sie haben vor, mit dem Fahrrad von Hamburg nach Bremerhaven und dann in die Niederlande zu fahren. Christine hat Lust, ans Wattenmeer* zu fahren. Sie wollen in der Jugendherberge übernachten, denn sie haben nicht so viel Geld.

注）s Wattenmeer（特に北海沿岸の）干潟のできる海

LEKTION 10 〈追加練習問題〉

1 （　）内に適当な再帰代名詞を入れましょう。

(1) Ich wasche (　　　　).　　　　　私は体を洗う。
(2) Er duscht (　　　　).　　　　　彼はシャワーを浴びる。
(3) Sie schminkt (　　　　).　　　　彼女は化粧をする。
(4) Wir setzen (　　　　) auf das Sofa.　私たちはソファーに座る。
(5) Freust du (　　　　) schon auf die Ferien?　君はもう休暇が楽しみですか？
(6) Wofür interessiert ihr (　　　　)?　君たちは何に興味があるの？
(7) Ich erinnere (　　　　) noch an seinen Namen.
　　　　　　　　　　　　　　　　私は彼の名前をまだ覚えています。
(8) Thomas und Lisa waschen (　　　　) die Hände.
　　　　　　　　　　　　　　　　トーマスとリーザは手を洗う。

2 （　）内の文を正しい語順に並べ替え、日本語に訳してみましょう。

(1) Ich weiß, dass (sie kann sehr gut tanzen).
　　--

(2) Sie fragt mich, ob (ich habe heute Abend Zeit).
　　--

(3) Wenn (das Wetter wird schlecht), bleibe ich zu Hause.
　　--

(4) Obwohl (der Computer ist teuer), möchte Thomas ihn unbedingt kaufen.
　　--

(5) Weil (das Konzert fängt bald an), müssen wir uns *beeilen.
　　　　　　　　　　　　　　　　　　* sich⁴ beeilen 急ぐ
　　--

3 次の質問にドイツ語で答えましょう。

(1) Wann duschen Sie sich?

------

(2) Wann putzt du dir die Zähne?

------

(3) Was machen Sie, wenn Sie eine Erkältung haben?

------

(4) Warum lernen Sie Deutsch?

------

4 （ ）内の語句を用いて作文しましょう。

(1) Thomas はサッカーにとても興味があります（sich⁴ interessieren für...）。

------

(2) 私は、綾香がピアノを弾くことができると思う（glauben, dass...）。

------

5 次の文を読んで日本語に訳しましょう。

Es ist sechs Uhr morgens. Thomas liegt im Bett. Er hat Kopfschmerzen und sein Kopf ist heiß und rot. Wo ist das Thermometer? — 38, 6 Grad, das ist Fieber! Thomas steht auf, duscht und macht sich das Frühstück. Aber er kann nicht viel essen, denn sein Hals tut weh. Was soll er jetzt tun? Er ruft bei Dr. Becker an. Der Arzt ist noch nicht in der Praxis. Erst um 9 Uhr beginnt die Sprechstunde.

Der Arzt untersucht Thomas und dann sagt er: „Das ist keine Erkältung, sondern eine Grippe. Und Sie haben jetzt Fieber. Sie müssen die ganze Woche zu Hause bleiben."

注) *s* Thermometer 体温計、*e* (Arzt)praxis 診療所、*e* Sprechstunde 診察時間

LEKTION 11 〈追加練習問題〉

1 次の文を現在完了形にしましょう。

(1) Wo lernst du Deutsch?
　　君はどこでドイツ語を学ぶの？

------

(2) Im Sommer fliegen Herr Meyer und Frau Weber nach Japan.
　　夏にマイヤーさんとヴェーバーさんは日本へ行く。

------

(3) Thomas besucht oft seine Großeltern.
　　トーマスはよく祖父母を訪ねる。

------

(4) Wir kommen pünktlich in Hamburg an.
　　私たちは時間通りにハンブルクに到着する。

------

(5) Esst ihr Bratwürstchen?
　　君たちは焼きソーセージを食べるの？

------

2 次の文を過去形にしましょう。

(1) Ayaka macht die Hausaufgaben.　綾香は宿題をする。

------

(2) Albert Schweizer hilft vielen Leuten.
　　アルベルト・シュバイツァーは、多くの人を助ける。

------

(3) Musst du jeden Abend jobben?　君は毎晩アルバイトをしなければならないの？

------

(4) Ich glaube, dass Herr Meyer Geige spielen kann.
　　私は、マイヤーさんがバイオリンを弾けると思う。

------

(5) Wir sind in der Stadt, aber wir haben nichts zu tun.
　　私たちは街にいるが、何もすることがない。

------

3 作文しましょう。

(1) 君は昨日はどこにいたの？　僕は君を一日中（den ganzen Tag）探した（suchen）んだ。
....

(2) 昨日は大学へ行かなかったの。家で絵を描いたり（malen）本を読んだりしてたの。
....

4 昨日したことを書いてみましょう。
....
....
....
....
....
....

LEKTION 12 〈追加練習問題〉

1 下線部に形容詞の語尾を入れてみましょう。全て1格です。

（大きなスプーンが）	（白いフォークが）	（ドイツのナイフが）
groß___ Löffel	weiß___ Gabel	deutsch___ Messer
der groß___ Löffel	die weiß___ Gabel	das deutsch___ Messer
ein groß___ Löffel	eine weiß___ Gabel	ein deutsch___ Messer
groß___ Löffel(複)	weiß___ Gabeln(複)	deutsch___ Messer(複)

2 日本語の意味に合うように、単語を並べ替えて文を完成させましょう。

(1) 綾香はLisaほど走るのが速くない。

(wie / schnell / Ayaka / Lisa / läuft / so / nicht).

----

(2) 私の母は父より2歳年下だ。

(ist / jünger / meine Mutter / mein Vater / als / zwei Jahre).

----

(3) 弟は家族の中で最もたくさん食べる。

(am meisten / mein Bruder / in der Familie / isst).

----

(4) スカイツリーは、世界で一番高いテレビ塔だ。

(der höchste / in der Welt / der Tokyo-Skytree / ist / Fernsehturm).

----

3 形容詞の格変化語尾を下線部に入れましょう。

(1) Lisa trinkt gerne grün___ Tee. リーザは緑茶（男）が好きだ。

(2) Diese deutsch___ Wurst schmeckt mir sehr gut.
このドイツのソーセージ（女）はとても美味しい。

(3) Frau Weber schenkt ihrer nett___ Tante frisch___ Obst.
ヴェーバーさんは、彼女の感じの良い叔母に新鮮な果物（中）を贈る。

(4) Zum Frühstück esse ich immer zwei gekocht___ Eier.
朝食に私はいつもゆで卵（複）を二つ食べる。

(5) Was für eine Bluse trägst du? —Ich trage eine gelb___ Bluse.
どんなブラウスを着ているの？ —黄色いブラウス（女）です。

4 作文しましょう。(1) から (5) までは、es を用いた構文を使ってください。

(1) 今日は雨が降っている（regnen）。

(2) 私は（mir）暑い（heiß）。

(3) 8時15分です。

(4) 私は元気です（es geht + 人の3格）。

(5) ここにスーパーマーケット（r Supermarkt）があります（es gibt + 4格）。

(6) ライン川（der Rhein）はエルベ川（die Elbe）よりも長い。

(7) クラスで一番ドイツ語が上手なのは誰ですか？ ——綾香です。

5 次の天気予報を読んで日本語に訳しましょう。

Wetterbericht für den 25.02. Im Westen grau, im Osten blau. Erst einmal Sonne für alle. Dann kommen aus dem Westen Regenwolken auf. Im Westen wird der Himmel dann grau, im Osten und Südosten bleibt er blau.

(2021年10月14日●)